Nur ein paar Stündchen

*Nix wie raus, ganz schnell ins Grüne.
Auch mit wenig Zeit lässt sich Großartiges
erleben. Kleine und große Abenteuer
warten direkt vor der Haustür.*

4H

Raus für einen Tag

*Man muss nicht das Land verlassen, um
neue Welten zu entdecken. Einfach mal
einen Tag lang raus aus dem Alltagsallerlei
und rein in die Natur.*

12H

Ferien für ein Wochenende

*Warum auf die große Auszeit warten, wenn
man einen Wochenendtrip in der Nähe
machen kann? Vergnügen, Abenteuer und
Wohlgefühl kompakt und intensiv.*

36H

LIEBE LESERIN,
LIEBER LESER.

Auf Streifzug durch das Bergische: zu Fuß oder mit dem Rad das Land der Wälder und Stauseen, Bäche und Mühlen, Brücken und Burgen erobern. Schließlich hat der Herzog von Berg das Land längst aufgegeben und ihm nur seinen Namen gelassen. Also, auf zum Entdecken vom Gipfelkreuz in der Tiefe des Waldes, zum Kuhkuscheln auf die Weide oder zur rasanten Fahrt entlang der Wupper.

Jede Menge Überraschungen warten am üppig begrünten Wegesrand – einfach los und erleben. Die Faszination, draußen zu sein, genießen: in wilder Natur, in sanfter Schönheit und in herrlichen Weiten.

Viele wunderbare Eskapaden
im Bergischen Land
wünschen Ihnen, dir und euch

Susanne Grotke

PS: Informationen zum GPX-Download gibt's auf Seite 224.

1. KAPITEL
ABSTECHER

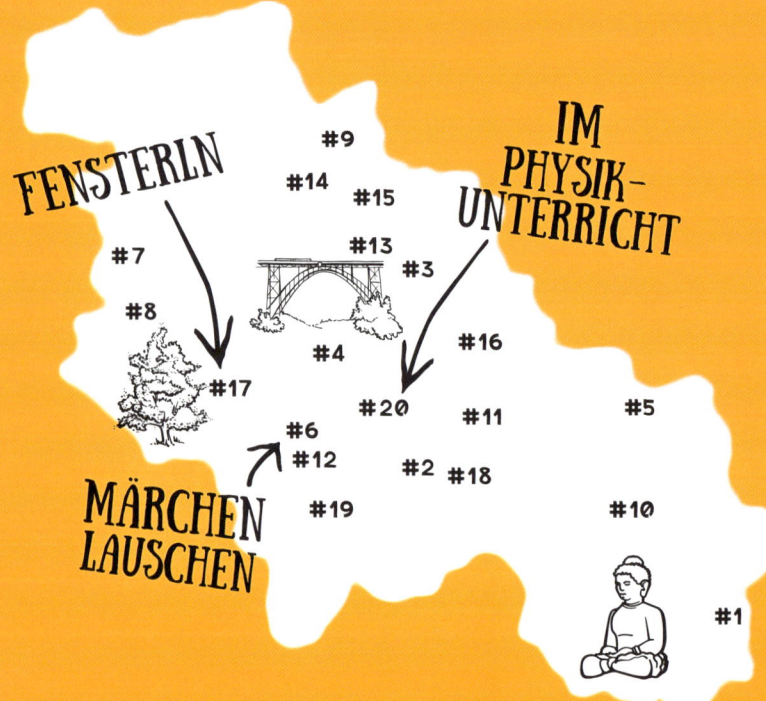

FENSTERLN

MÄRCHEN LAUSCHEN

IM PHYSIK-UNTERRICHT

#9
#14
#15
#13
#3
#7
#8
#4
#16
#17
#20
#11
#5
#6
#12
#2 #18
#19
#10
#1

Nur ein paar Stündchen

Kraniche zählen, mörderische Aussichten genießen und bei einer Schneewanderung versunkene Dörfer entdecken – kleine Auszeiten für große Glücksmomente!

4H

DEM GLÜCK AUF DER SPUR

⋛ ... in Morsbach ⋚

Hurra, die Kraniche sind da, und mit ihnen kommt der Frühling! Lichtblicke voller Hoffnung sind die eleganten Symboltiere am Himmel. Dass sie unter Kennern untrennbar mit der Gemeinde Morsbach verbunden sind, verdanken sie Christoph Buchen. Und das ist ein Stück vom Glück in Morsbach.

#Himmeltänzer #sorgenfreifliegen #Bruttonationalglück #bergischBhutan

Glück, Treue, Weisheit, Schönheit
und Langlebigkeit, dafür steht jeder
einzelne Kranich.

Der Weg ins Glück startet in Morsbach hinter dem Rathaus, auf dem Baumweg (www.bergisches-wanderland.de/tour/baumweg-streifzug-24) in Richtung Aussichtsturm auf der Hohen Hardt. Am frühen Nachmittag geht es los, dann sind Kraniche hier am häufigsten zu sehen. Unterwegs macht der Weg mit der WDR-Maus richtig Spaß. Sie erklärt auf Hinweisschildern selbst Erwachsenen viel Augenöffnendes über das Leben und Sterben der Bäume, auch dass Totholz nicht tot ist. Welch Glücksbotschaft, speziell vor dem Hintergrund, dass weite Gebiete um Morsbach herum abgeholzt sind. Offensichtlich wird das auf dem 35 Meter hohen Aussichtsturm, wo mit viel Glück der Morsbacher Ornithologe Christoph Buchen mit Fernglas und unerschöpflichem Wissen rund um die Kraniche deren Anflug erwartet. 1967 hat er als 13-Jähriger begonnen Kraniche zu zählen. Seine Begeis-

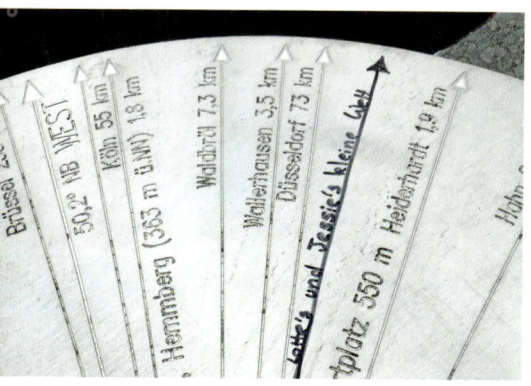

Ob Kraniche, Fledermäuse, Baumweg, Bonte Kerken oder die NS-Zeit im Bergischen: Zu allem hat Bundesverdienst-kreuzträger Christoph Buchen (rechts) schon geforscht und geschrieben. Eine wandelnde Wikipedia!

terung für die tänzerischen Formationsflieger hat dazu geführt, dass seine Zählungen zu den verlässlichsten in ganz Deutschland gehören.

Inzwischen ist auch die Aufmerksamkeit für die Kraniche gestiegen, ihr Lebensraum in den Rastgebieten unter geschützter Beobachtung. In den letzten Jahren ist der Bestand der großen, ortstreuen Vögel (www.kraniche.de) sogar stetig gewachsen. Das ist schon viele Glückspunkte wert!

Hin & weg: RE9 bis Wissen, dann mit Bus 265 oder 347 bis Morsbach Busbahnhof. Mit dem Auto zum Parkplatz am Rathaus.

Beste Zeit: Zum Kranichebeobachten im Frühjahr (Februar–März) oder zum Rückflug im Herbst (Oktober–November).

Dauer & Strecke: 2 Std. ohne Pause für 6,4 km.

Ausrüstung: Festes Schuhwerk, Fernglas und Fotoapparat nicht vergessen!

Tatsächlich liegt Morsbach in der Mitte der Flugroute der Grus grus, der Grau-Kraniche. Bis zu 60 000 überfliegen das Morsbacher Gebiet von Anfang Februar bis Ende März aus dem andalusischen Winterquartier kommend in Richtung Skandinavien. Genug, um mit dem Blick nach oben Frühlingsträume zu wecken und Wünsche gen Himmel zu schicken!

Mit von weither hörbaren trompetenartigen Rufen kündigen sie sich dann an. Den Hals nach vorne und die Beine nach hinten gestreckt, ziehen sie in keilförmiger Formation heran. Zehn, zwanzig, fünfzig, hundert ...! Der Blick bleibt an den gleitenden Vögeln hängen, einzigartig mitreißend! Hier löst sich das V in einen Kreis auf, walzergleiches Kreisen, um danach in Einser-Ordnung weiterzuzie-

hen. Ihr Konzert klingt nach, die Bilder sind fest eingeprägt, die Wünsche losgeschickt. Glückseliges Rundum-Feeling! Ein Händchen fürs Timing muss man dazu allerdings haben, denn an welchem Tag sie fliegen, ist nie genau vorherzusagen. Dann einfach das Glück selbst in die Hand nehmen und Origami-Kraniche (www.origami-kunst.de) basteln. In Japan besagt eine alte Legende, dass demjenigen, der 1000 Kraniche faltet, ein Wunsch von den Göttern erfüllt wird. Wohlan!

FAZIT: EINE TOUR, DIE MIT VIEL GLÜCK VON FRIEDENS- UND FRÜHLINGSBOTEN BEGLEITET WIRD UND LANGFRISTIG DIE AUGEN FÜR DAS LEBEN DER BÄUME ÖFFNET.

AUSSICHT OHNE MORD

﹥ … rund um Hohkeppel in Lindlar ﹤

Einmal Hengasch hin und zurück ist nicht nur für Fans der Serie »Mord mit Aussicht« ein Highlight. Der Liederweg lädt ab Bushaltestelle Hengasch alle zum Singen an herrlichen Ausblicken ein. So geht es fröhlich gestimmt in Richtung Herrenhöhe vorbei an der Tierarztpraxis von Jochen Kauth.

#FrauZiegler #Blaukehlchen #Muschi&Bär #scharfabernichtzuscharf

Freut euch des Lebens: Singen ist gesund, stärkt Kreislauf, Immunsystem und Haltung. Und glücklich macht es auch.

viele Drehorte des fiktiven Eifeldorfs Hengasch im Bergischen Land, so der Gasthof Aubach in Neunkirchen-Seelscheid, der hier als Gasthof Röttgen bekannt ist, oder das Forsthaus, welches in Much unweit des Heckbergs steht. Und warum gerade die Bushaltestelle in Hohkeppel? Wer weiß, vielleicht einfach, weil hier die Aussicht so verführerisch schön ist, dass Vater Hannes gern mit Blick in die Weite auf die geliebte Danuta wartet. Außer einem Schulbus hält hier allerdings kein regulär fahrender Bus, aber mit Glück ist bei Anreise mit dem Auto direkt dort ein Parkplatz frei.

Was macht die Bushaltestelle Hengasch eigentlich im Bergischen? Spielt die Serie nicht in der Eifel? Originellerweise finden sich recht

Sicher gelingt hier der fröhliche Einstieg in den Liederweg (www.heimatverein-hohkeppel.de). Mit insgesamt zwölf Stationen lädt er zum Mitsingen wohlbekannter Lieder ein, lustige Wegbegleiter für Chor- oder Sologesang in allen Tonlagen. Tatsächlich sind es aber immer wieder die tollen Aussichten, die diese Runde so mörderisch schön gestalten: der Blick auf den Stausee Ehreshoven oder ins Aggertal, die schöne Aussicht bis ins Siebengebirge bei Meegen oder kurz darauf, gleich hinter der Tierarztpraxis, der Ausblick von der Herrenhöhe. Einfach herrlich!

Wieder in Hohkeppel angekommen, liegt die Laurentius Kirche, urkundlich erstmals 958 erwähnt, vis à vis zum Weißen Pferdchen. Das 400 Jahre alte Fachwerkgebäude ist das älteste Haus der Gemeinde Lindlar und seit Kurzem auch Herberge für Jakobsweg-Pilger. Denn Hohkeppel liegt fast in der Mitte des

Ausgerechnet Eifel? Von wegen! Wahre Fans von »Mord mit Aussicht« begeben sich auf Spurensuche ins Herz des lieblichen Teils des Bergischen Landes.

rund 58 Kilometer langen Pilgerwegs Heidenstraße (www.lindlar-touristik.de/sport-freizeit/pilgern.html) von Marienheide nach Köln und bietet sich als Zwischenstopp förmlich an. Gut zu wissen: Im Weißen Pferdchen finden auch standesamtliche Trauungen statt, in St. Laurentius kirchliche ... vielleicht ein prima Tipp für Hannes und Danuta oder Sophie und Jan? Dann könnte Dietmar alias Bär endlich zu Recht sagen: »Mann, Mann, Mann, hier ist vielleicht wieder was los heute!«

FAZIT: MÖRDERISCH SCHÖNE UND AUSSICHTSREICHE RUNDE MIT HERRLICHEN SCHAUPLÄTZEN FÜR NEUE FOLGEN EINER BELIEBTEN WDR-SERIE.

Hin & weg: RB25 von Köln bis Overath und dann mit Bus 420 nach Untereschbach, wechseln zur Linie 402 bis Hohkeppel Kirche, Lindlar. Mit dem Auto bis Frielinghausen, 51789 Lindlar, Anfahrtspunkt für die Bushaltestelle Hengasch (welche keine reguläre Haltestelle und somit nicht direkt mit dem Bus zu erreichen ist).

Beste Zeit: Immer. Im Frühjahr, je nach Wetterlage, besonders schöne Weitblicke.

Dauer & Strecke: 3 Std., 11,3 km. Ausblicke und Lokale in Hohkeppel (www.hohkeppeler-hof.de) können den Abstecher genüsslich verlängern. Bei Zeitnot nur dem Liederweg folgen, ca. 1 Std. Gehzeit, Rundweg ab Weißem Pferdchen.

Ausrüstung: Das übliche Schuhwerk und Ausrüstung zum Wandern. Volle Akkuladung für Fotos.

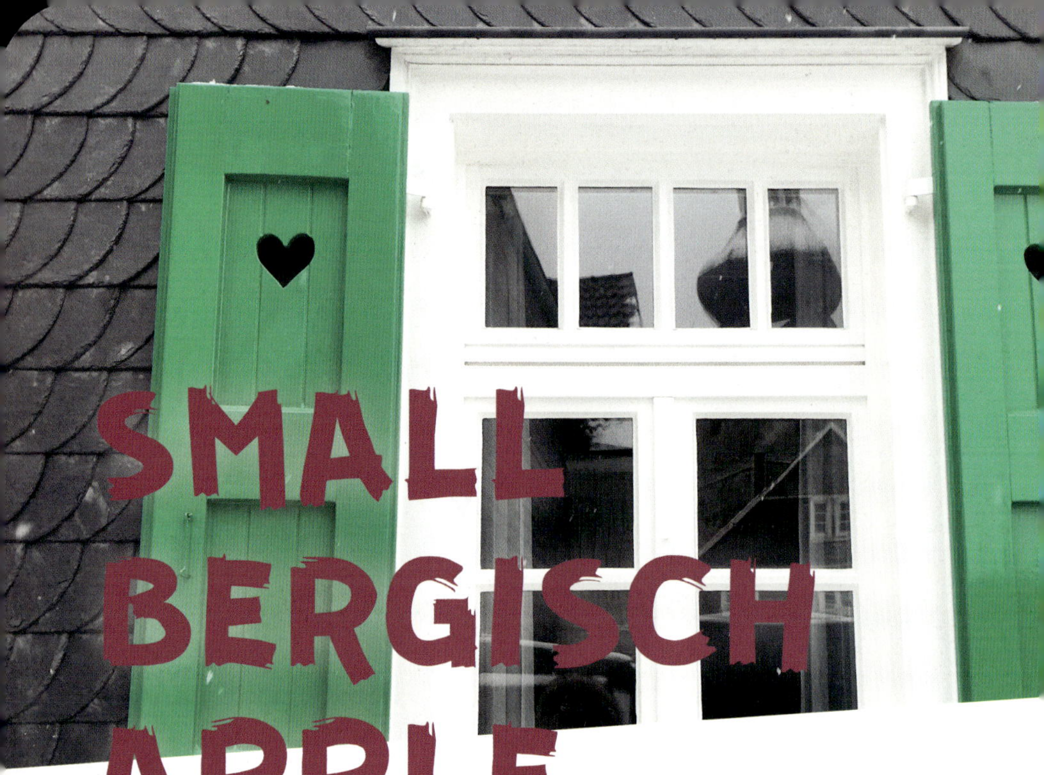

SMALL BERGISCH APPLE

... in und um Remscheid-Lennep

#3 *Lennep – einst Teil der Hanse, Tuchmacherstadt, Geburtsort von Wilhelm C. Röntgen – hat drei Stadtbrände erlebt. Trotzdem ist die Altstadt mittelalterlich geprägt. Am Bahnhof startet die Wasserquintett-Radstrecke nach Marienheide, die Balkantrasse aus Leverkusen endet hier. Lennep mag es apart.*

#watisenDampfmaschin #Dornröschen #BergischBarock #sichtbarunsichtbar

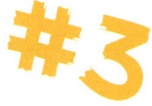

Linke Seite: Stilecht! Schlagläden
und Türen im Farbton Bergisch
Grün: RAL 6005, RAL 6004 (dunkel)
oder RAL 6024 (hell).

Schon die Anreise von Wuppertal mit der S-Bahn über die Müngstener Brücke, die höchste Eisenbahnbrücke Deutschlands, verheißt etwas Besonderes: Lennep, heute Stadtbezirk von Remscheid, zählt zu den ältesten und wichtigsten Städten des ehemaligen Herzogtums Berg. Der Bummel durch die Altstadt erklärt dazu so einiges, insbesondere auf der gut ausgeschilderten Route »Spurensuche Tuchmacherstadt«. Doch bevor die Fährte zu den gutbetuchten Lennepern in ihrem Altstadt-Zentrum aufgenommen wird, lädt die kurze Rundwanderung RS3 Lennep (www.bergisch-mal-drei.de) in die reizvolle Umgebung.

Und auch hier wieder eine Eigenart: Der Weg führt nah an der Autobahn A1 vorbei, was feinsinnige Ohren kurzzeitig irritiert. Dafür geht es dann spektakulär zwischen zwei Autobahnbrücken zurück ins stille bergische Idyll. Ein wirklich krasser Gegensatz, den es zu erleben gilt!

Zurück in der Stadt zieht es Neugierige magisch in Richtung Röntgen-Museum (www.roentgenmuseum.de). Vorbei geht es an imposanten altbergischen Häusern zum Eingang des Museums. Welch ein Kontrast: Der transparente, moderne Anbau an dem prächtigen Patrizierhaus, daneben das stählerne X. Wieder ein absoluter Hingucker! Präziser Durchblick in die inneren Strukturen des Gebäudes, wie X-Strahlen (Röntgenstrahlen) es ansonsten in den menschlichen Körper erlauben. Gelungen.

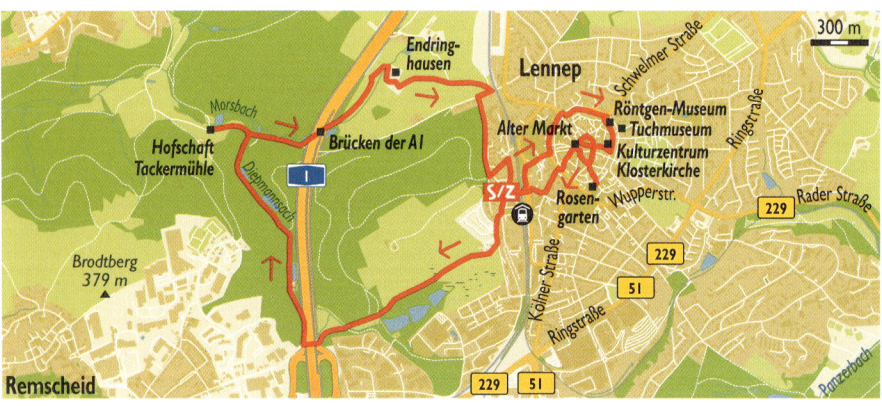

Ihre individuelle Handschrift zeigen Dachdecker an den schiefergedeckten Wänden und Fassaden der Bergischen Häuser. Ornamente und Muster sind die kunstvollen Signaturen der Handwerkmeister.

Schräg gegenüber das Tuchmuseum (www.tuchmuseum.de): Schon die Tafel am Eingang fasst kurz Aufstieg und Fall der Lenneper Textilunternehmen zusammen, die einst mit dem Privileg der Verarbeitung von Lammwolle starteten. So geht es auf die Spurensuche Tuchmacherstadt, die mit jedem Halt neue Details verrät. Schön ist auch der Gang zur Fabrik in der ehemaligen Kirche, dem heutigen Kulturzentrum Klosterkirche! Auf fünf Produktionsebenen und mit einer Dampfmaschine im Erdgeschoss produzierte hier der Trikotagenfabrikant C. Mühlinghaus die auf der Weltausstellung von 1897 prämierten »Dr. Thomalla's Gesundheits-Unterkleider und poröse Trikotleibwäsche, System Pastor Felke«. Hinreißend!

Zum Abschluss ein frisch gezapftes Kaltgetränk am Alten Markt, perfekte Rückkehr ins Hier und Jetzt.

FAZIT: AUSFLUG IN EIN SCHMUCKSTÜCK BERGISCHER HANDWERKS- UND INDUSTRIEGESCHICHTE, BEREICHERT MIT ATTRAKTIVER WANDERUNG UM DEN HEIMATORT EINES NOBELPREISTRÄGERS.

Hin & weg: Von Solingen oder Wuppertal mit der S7 bis Remscheid-Lennep. Parkmöglichkeiten am Bahnhof.

Beste Zeit: Ganzjährig, besonders schön im Frühjahr und Sommer für lebendige Natur und Stadtkultur.

Dauer & Strecke: 2,5 Std., 8,4 km. Je nach Interesse und Zeit den Altstadtbummel mit Museumsbesuchen verbinden. Lohnt sich!

Ausrüstung: Passendes Wander- und Bummel-Outfit. Im Zweifelsfall Lesebrille für die Spurensuche-Schilder.

SPORT AM SCHÖNEN ORT

#4 Achtung: Gute-Laune-Garantie! Auf dieser feinen Runde wird es sportlich; doch keine Sorge, weit mehr als nur Joggen steht auf dem Programm. Bänke in allen Formen und Farben laden zum Auspowern ein und eine Überraschung erwartet einen auch im Wald.

Das kleine grüne Örtchen Burscheid hat es gut, denn man ist gut angebunden und ruck-zuck mit dem Bus in Köln (die schöne Fahrt führt durchs gesamte Bergische Land bis zum Kölner Hauptbahnhof). Am besten startet man die Runde am Dorfrand. Neben dem Feldweg liegen Äpfel auf dem Boden und die Sonne strahlt über sanfte Hügel. Schon lädt die erste Bank zum ausgiebigen Dehnen und Strecken ein. Dann beginnt der Wald und mit ihm ein Arboretumpfad, auf welchem im Rundweg klei-ne Steintafeln die Bäume benennen. Darunter

Nur nicht schüchtern sein! Der Gute-Laune-Baum nimmt wirklich jeden gern in den Arm.

auch ein Mammutbaum und eine Japanische Schwarzkiefer. Wie wär's mit Gehirnjogging? Alle Bäume im Kopf zu behalten gelingt sicher nicht die ganze Runde und bringt trotzdem die grauen Zellen auf Trab. Mit herrlicher Aussicht steht direkt am Waldeingang auch schon die zweite Bank. Kraftübung gefällig? Einfach versuchen, die Beine in der Luft zu halten – oder vielleicht ein paar Liegestütze auf der Sitzfläche? Weiter geht's, die kleine Holzbrücke über einem Bächlein bietet die nächste Dehnmöglichkeit mit Blick in die kleine grüne Schlucht. Nun geht die Anstrengung in die Waden, denn der Waldweg schlängelt sich auf und ab. Bänke gibt's noch an mehreren Stellen. Nicht vergessen, immer wieder auf den Boden zu schauen und fleißig die Namen der Bäume zu lernen.

Ein Sprint aufwärts und schon ist der verdiente Pausenort erreicht: der Gute-Laune-Baum!

Wer diesen Baum umarmt oder mit ihm kuschelt, hat sofort wieder prächtige Laune, und auch seine Sorgen kann man ihm erzählen. So steht es jedenfalls auf dem Schild am Baum, und irgendwie klappt es, Placebo-Effekt oder was auch immer sei Dank – die gute Laune, die dieser Ort versprüht, ist deutlich zu spüren.

FAZIT: EINE BEWEGTE RUNDE, DIE SICH KREATIV IMMER WEITER AUSBAUEN LÄSST.

Hin & weg: Bushaltestelle Kaltenherberg in Burscheid. Parken ist an der Straße möglich.

Beste Zeit: Frühling–Herbst.

Dauer & Strecke: 1 Std. für 5 km.

Ausrüstung: Turnschuhe mit Profil, Wasserflasche und am besten bequeme Sportklamotten

MIT RAD UND BAD

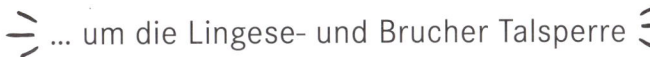 ... um die Lingese- und Brucher Talsperre

Abrakadabra: Aus Wasserquintett mache Wasserduett. Einfach das Trio der großen Talsperren links liegen lassen und schon bleibt das beliebte Duo aus Lingese- und Brucher Talsperre. Hier laden zahlreiche Badebuchten zum erfrischenden Abschluss der Radtour ein.

Für Vierbeiner ganzjährig erlaubt, für Zweibeiner gilt die Badesaison von Mai bis September.

gleich nebenan bietet an Wochenenden der Bergische FahrradBus einen prima Service. Er nimmt Radelnde zwischen Opladen und Marienheide entlang der Balkantrasse sowie des Bergischen Panorama-Radwegs mit (www.bergischer-fahrradbus.de). Praktisch!

Sicher angekommen, geht es gleich los auf der Strecke der ehemaligen Wipperbahn. Die Trasse, Teil des Bergischen Panorama-Radwegs und der Wasserquintett-Radroute (www.wasserquintett.de), führt direkt zur Lingese-Talsperre. Sie dient ebenso wie die Brucher Talsperre der Stromgewinnung. Immerhin 42 Vier-Personen-Haushalte können laut Wupperverband im Jahr von dem Talsperrenduo mit Strom versorgt werden. Als Ausflugsziele machen die beiden noch mehr Familien glücklich: Camping, Segeln, Angeln, SUP und Schwimmen sind hier in ausgewiesenen Bereichen erlaubt.

Weitaus größere Uferareale sind allerdings der Tier- und Pflanzenwelt vorbehalten. Haubentaucher, Wasseramseln und Eisvögel sind dankbar für Leisetreter und Langsamradler. Unbedingt sollte man einen kurzen Halt bei der Lingese-Talsperrenmauer einplanen. Ebenso wie die Brucher Talsperre ist sie nach

Marienheide ist der ideale Startpunkt für Fahrrad- und Wandertouren. Hier hält die RB25, die von Köln bis Lüdenscheid durchs Bergische Land fährt und die Fahrradmitnahme leicht macht. Zusätzlich zum großen Busbahnhof

Hin & weg: RB25 oder mit dem Fahrradbus nach Marienheide Bahnhof, hier auch Parkmöglichkeiten.

Beste Zeit: März–November, wenn der Bergische Fahrradbus fährt, besonders bei Badetemperaturen.

Dauer & Strecke: 2 Std., 21 km. Gemütlich mit dem E-Bike, machbar mit dem »Bio«-Bike.

Ausrüstung: Fahrrad und Schwimmzeug.

Darf's ein bisschen mehr sein? Die komplette Wasserquintett-Route geht von der Brucher zur Lingese-Talsperre. Danach führen viele Abschnitte über stillgelegte Bahntrassen zur Neye-, Bever- und Wupper-Talsperre.

dem Intze-Prinzip gebaut (www.kuladig.de > Suche: Brucher Talsperre). Für unbedarfte Augen bedeutet das: tolle Mauern! Beeindruckend schön anzusehen sind die aus vermörteltem Bruchstein gebauten Werke mit dem typischen dreieckigen Querschnitt. Noch schöner ist das Schlendern auf der Mauer, bevor es wieder auf dem Rad Richtung Börlinghausen ins Quellgebiet der Wipper geht.

Das Gelände mit den 37 Wipperquellen steht unter Naturschutz und so ist nur ein teichartiges Rund vor dem Restaurant mit dem bezeichnenden Namen Zur Wipperquelle zu besichtigen. Ab hier nimmt die Wupper – oder besser gesagt die Wipper – bis zur Furt also ihren Lauf! Weiter geht es über Dannenberg, dem höchsten Punkt der Route, und Müllenbach zur Brucher Talsperre. In Müllenbach kurz an der Bonte Kerke halten: Die alte Wehrkirche

entzückt mit mittelalterlichen Wandmalereien und der an einen Zuckerhut erinnernden ältesten Glocke der Region. Kleiner, feiner Schatz (www.kuladig.de > Suche: Bonte Kerke)!

Und dann geht es bergab, mit Blick auf das kühlende Nass, yippie! Die Badestelle ist schnell gefunden, wasserfreudiges Hineinstürzen erwünscht. Gleich nebenan einkehren beim Spanier auf der Terrasse und Wassersportler beobachten (www.tapas-alhambra.de). Ein herrlicher Abschluss, bevor es zurück nach Marienheide geht!

FAZIT: SPORTLICHE RADRUNDE MIT BADEMÖGLICHKEITEN IN NATUR-, KULTUR- UND KUNSTGESCHICHTLICH REICHER VIELFALT. MACHT LUST AUF MEHR!

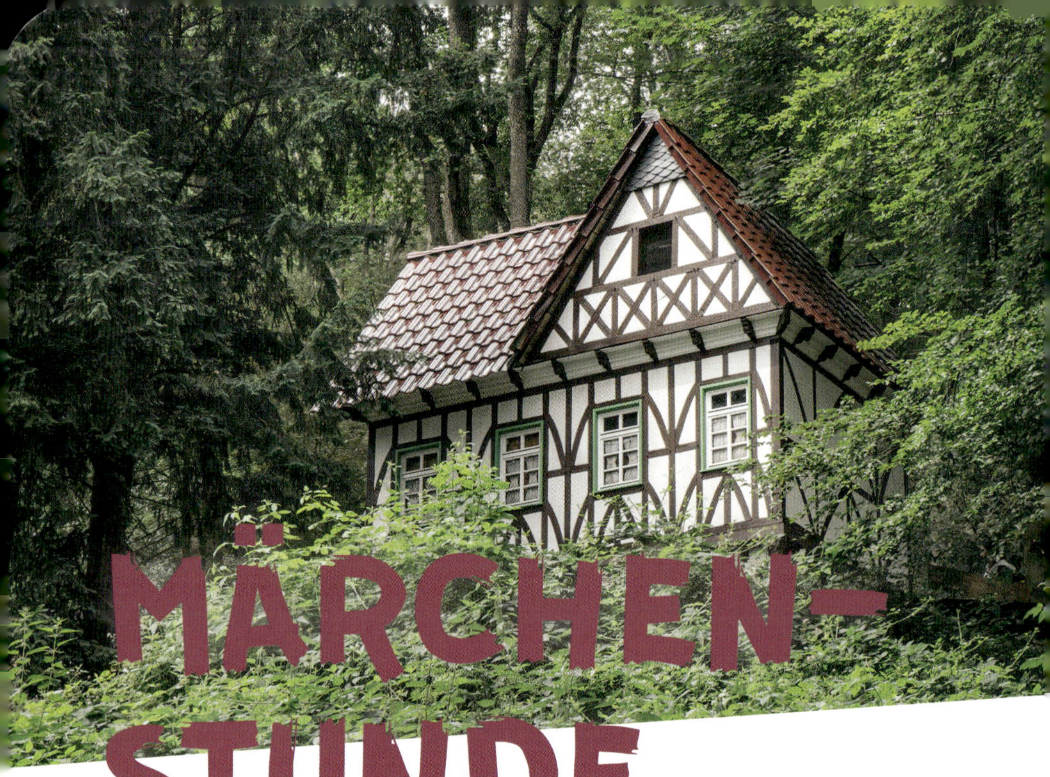

MÄRCHEN-STUNDE

... am Altenberger Dom

#6

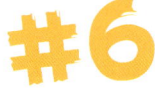

Nach der Märchenstunde bei den Gebrüdern Grimm folgt ein Abstecher auf die Hexenroute – mit glücklichem Ausgang für die Wanderer. Wunderbar wird es dann im Altenberger Dom, der unvermittelt im abgeschiedenen Dhünntal aufragt.

#GebrüderGrimm #TreffenzumHexensabbat #einDomfüralle #Hokuspokus

Einfach sagenhaft: ein Besuch in den Häuschen des Märchenwaldes oder im »Dom für alle«!

→ ABSTECHER ...

Vor etwa 200 Jahren begannen die Gebrüder Grimm ihre bis heute populäre Märchensammlung zu veröffentlichen. Fast jeder kennt Rotkäppchen und Rumpelstilzchen, Schneewittchen und das tapfere Schneiderlein und noch viele Gestalten mehr, die allabendlich die Kinderzimmer bevölkern.

90 Jahre hat der Märchenwald (www.maerchenwald-altenberg.de) auf dem Buckel. Zwischen schattenspendendem Geäst hügelauf und -ab windet sich der Weg von einem verwunschenen Häuschen zum nächsten. Sage und schreibe 18 Märchen werden auf Knopfdruck lebendig. Liebevoll sind die lebensgroßen Figuren gestaltet, detailreich ihr Umfeld – egal, ob das Teegeschirr bei den Sieben Zwergen, die Spinnstube der Müllerstochter, die versucht Stroh zu Gold zu spinnen, oder das Knusperhäuschen, in dem Hänsel und Gretel gefangen sind.

Charmant ist der historische Märchenwald und, ja, in die Jahre gekommen. Hier und da

»Da saß nun die arme Müllerstochter und wußte um ihr Leben keinen Rat: sie verstand gar nichts davon, wie man Stroh zu Gold spinnen konnte ...«

klemmt die Technik, blättert Farbe ab. Aber das ist völlig egal. Laut rufen die Kinder nach »Rumpelstilzchen«. Warten ungeduldig auf

Hin & weg: Mit Buslinie 212 vom Bahnhof Leverkusen Mitte bis Odenthal Altenberg, dann ca. 12 Min. über Ufer- und Märchenwaldweg zum Märchenwald. Parkplätze sind hier gebührenpflichtig; kostenloses Parken am Dom.

Beste Zeit: Märchenwald und Dom ganzjährig; Wanderung nicht nach allzu viel Regen.

Dauer & Strecke: Märchenwald ca. 2 Std., Wanderung Märchenwald/Eifgenbach 2 Std. für 5 km; Hexenroute insgesamt gut 3 Std. für 11,4 km (Auf-/ Abstieg 230 m). Trittsicherheit erforderlich! Mit Dombesuch, Picknick im Klostergarten oder Einkehr (Restaurant Küchenhof, www.kuechenhof.com) und Abstecher in den Kräutergarten beliebig länger.

Ausrüstung: Feste Schuhe, evtl. ein Picknick, Unerschrockenheit.

Rapunzels Zopf: »Boah, der ist echt lang!« Halten beim Tischlein-deck-dich-Haus mutig, aber mit vor Angst geweiteten Augen die Hand ins Maul der Ziege, um herauszufinden, ob sie noch hungrig ist. Und füttern den Goldesel, der Ess-Taler ausspuckt.

Noch mehr Lust auf Sagenhaftes? Kein Problem, die Hexenroute lockt. Direkt am Märchenwald bei der Brücke über die Dhünn geht's auf die 11,4 km lange Wanderung. Ihr Logo: eine besenreitende Hexe. Viele Hexenprozesse gab es im Bergischen nicht, obwohl sich ein Spruch bis heute hält: »Se breeten in Ohnder Hexen wie Hohnder« (In Odenthal brieten sie die Hexen wie Hühner). Die Tour führt in direkter Nähe erst zur Dhünn, dann zum Eifgenbach durch dichten Blätterwald immer am Wasser entlang rauf und runter. Ein

Ein großer Spaß: der Besuch bei den Gebrüdern Grimm und die verwunschene Wanderung am Wasser entlang.

vom Sturm gefällter Baum verlockt zum vorzeitigen Überqueren des Bachs – doch weiter geht's bis zur Brücke und zur Schutzhütte. Es empfiehlt sich nun, am Eifgenbach entlang zum Märchenwald zurückzukehren, denn die Hexenroute entpuppt sich im weiteren Verlauf als sehr asphaltlastig. Man verpasst dann allerdings den Hexenbrunnen in Odenthal.

Wer an Märchen glaubt, glaubt auch an Wunder – und ein solches birgt der gewaltige Bergische Dom (www.altenberger-dom.de). Die ehemalige Klosterkirche der Zisterzienser wird seit 1857 simultan sowohl von der römisch-katholischen wie auch der evangelischen Gemeinde als Pfarrkirche genutzt. Na also, geht doch!

Tipp: Wer mehr Zeit hat, geht mit dem Esel wandern – möglich macht es die Tierwerkstatt Altenberg (www.tierwerkstatt-altenberg. de). Oder bleibt gleich über Nacht und fühlt sich aufgehoben wie bei Oma und Opa: Gutes Essen und eine rustikale Unterkunft mit super Sauna in absolut ruhiger Lage bietet die Eifgen-Sauna in Odenthal-Blecher (www. eifgen-sauna.de).

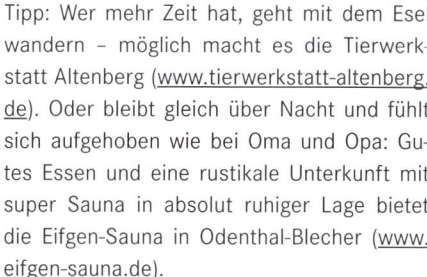

FAZIT: EINE TOUR INS REICH DER MÄRCHEN UND LEGENDEN, DIE MIT DEM BESUCH IN EINER DER SCHÖNSTEN GOTISCHEN KIRCHEN DEUTSCHLANDS ENDET. SAGENHAFT!

ERIKA, DIE HEIDE RUFT

 ... in der Hildener Heide

 # 7

Im Bergischen macht Joggen vor allem an Flüssen, auf ehemaligen Bahntrassen oder an Talsperren Spaß. Den besonderen Kick holen sich Lauffreudige im Gebiet der Bergischen Heidetrasse, wo sich die Hildener Heide als Joggingparadies ent- puppt. Waldbad zum Abkühlen inklusive!

#Genussläufer #Ziegenalarm #mähihrSchafe #listentoyourheartbeat #rosarotjoggen

Heidepflanzen lieben trockene Sand-
böden. Zauneidechsen auch. Sie
huschen gern durchs Kraut Richtung
Sonnenbank.

Südlich des Hildener Stadtwaldes, der von zahlreichen beliebten Laufstrecken durchzogen ist, liegen Naturschutzgebiete der Hildener Heide rund um den Sandberg. Die ehemals riesigen Heideflächen sind größtenteils der Aufforstung gewichen. Trotzdem zeigen sich hier noch in einigen Bereichen die typischen Feuchtwiesen, Heidemoore sowie Bruchwälder mit Birken, Erlen und Eichen. Die Biologische Station Haus Brügel (www.biostation-d-me.de) hat ein Auge darauf und sich unter anderem zur Aufgabe gemacht, dem Verbuschen der Heide Einhalt zu gebieten. Dabei setzt sie auf Moorschnucken und Ziegen, die sich in Teamwork und mit mächtigem Appetit durch die Bergische Heidetrasse

fressen. Büsche und Sträucher werden so in Schach gehalten: perfekt abgestimmte Kulturlandschaftspflege!

Die Laufstrecke in die Heide startet am Restaurant Zwölf Apostel (www.zwoelfapostel-hilden.de) und führt in den Stadtwald. Obwohl die Straße nicht weit entfernt ist, nimmt die

Hin & weg: Von Haan/Wuppertal mit dem Bus 784 bis Haltestelle Waldschenke. Mit dem Auto zum Parkplatz Waldbad, Elberfelder Straße 173, 40724 Hilden. Oder mit dem Rad!

Beste Zeit: Morgens, zur Badesaison, wenn die Heide blüht – August, September. Aber auch zu allen anderen Jahreszeiten Laufvergnügen pur.

Dauer & Strecke: 1 Std. für 6 km.

Ausrüstung: Gute Laufschuhe, Rucksack für Schwimmutensilien.

Lunge gleich dankbar frische Waldluft auf. Der mit Sand gemischte Boden ist erfreulich angenehm zum Laufen, so macht das Warmwerden Spaß. Nicht verwunderlich, dass auch Reitwege hier entlangführen, und so treffen sich am Morgen vereinzelt Menschen zu Fuß und zu Pferde. Beide grüßen sich mit wissendem freundlichem Lächeln, denn sie verbindet das herrliche Gefühl, in die erwachende Natur zu traben.

Sobald die L228 überquert ist, geht es auf den Jaberg, die mit 109 Metern höchste Erhebung Hildens, um die sich zahlreiche Legenden ranken: So soll der Hunnenkönig Attila in goldener Rüstung darunter begraben sein, und nicht nur in der Walpurgisnacht ist der Berg angeblich ein beliebter Hexentreffpunkt. Selbst der Teufel sei dabei! Also umso besser, bei Morgenlicht unterwegs zu sein. Schade

Für Klima- und Naturschutz leisten die kleinen Moor-schnucken Großes.

trotzdem, dass der Aussichtsturm geschlossen ist, verspricht er doch einen fantastischen Rundumblick!

Ist der bewaldete Gipfel einmal genommen, wird beim Weiterlaufen die Heidelandschaft deutlicher. Herrliche Einblicke in verwilderte Flächen, dazu zahlreiche kleine Wege, die zum Erkunden in alle Richtungen einladen. Überall das weiche Geläuf, das nun zum baumfreien Sandberg führt, der seinem Namen alle Ehre macht. Der Anstieg wird mit weiter Panorama-sicht, pink leuchtenden Erika und köstlichen Brombeeren belohnt.

Weiter geht es, begleitet von vielstimmigem Vogelgezwitscher, über nun ebene zauber-hafte Waldwege. Lauf- und Atemrhythmus tragen vorfreudig in Richtung Waldbad. Doch vor dem Sprung ins kühle Nass im schön angelegten Bad geht es noch ein paar Meter in den Stadtwald hinein zum Gedenkstein von Wilhelm Ferdinand Lieven. Er hat 1902 seine Waldungen der Stadt vermacht – der heutige Hildener Stadtwald. Danke, Herr Lieven!

FAZIT: ABWECHSLUNGSREICHE JOGGING-RUNDE IN ALTER KULTURLANDSCHAFT, DIE NEU GESTALTET UND GESCHÜTZT WIRD, MIT ERFRISCHENDEM ABSCHLUSS.

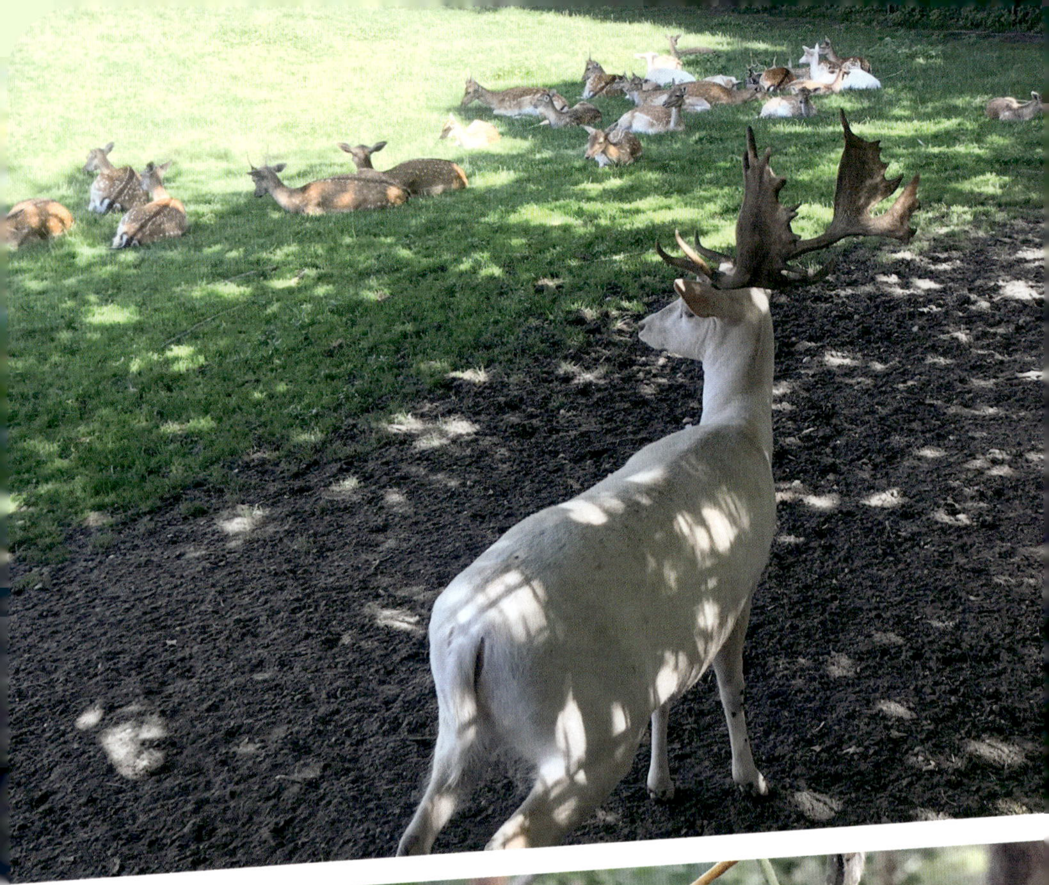

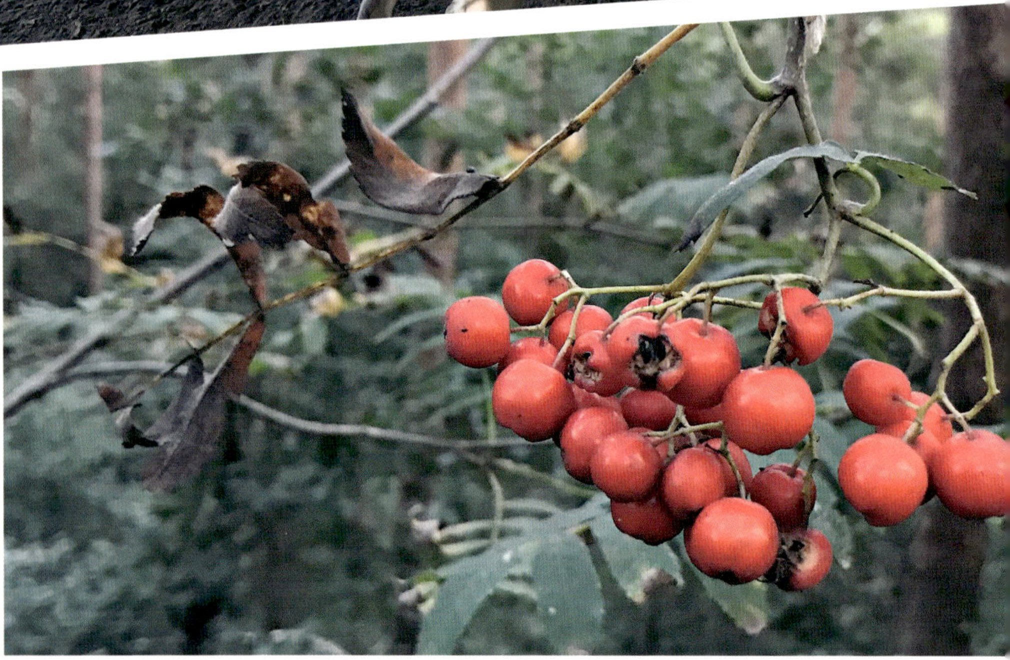

DER WEIßE HIRSCH

 ... bei Langenfeld

Mythen ranken sich um ihn wie das dichte Geäst im benachbarten Wald: der weiße Hirsch. Ein besonderes Tier; sein seltener Anblick ist beeindruckend und erinnert an ein Märchen. Doch nicht nur das Röhren des Hirschs lockt Besucher in diese Gegend.

Da steht er auf der Wiese und mümmelt völlig unbeeindruckt ein paar Halme: Weltweit fasziniert der weiße Hirsch die Menschen. Im Schamanismus ist er das Reittier in die Anderswelt. In Deutschland sagt man, wer ihn erlegt, stirbt innerhalb eines Jahres. So behaupten es jedenfalls die Jäger, die deswegen einen großen Bogen um das Tier machen. Erzherzog Franz Ferdinand soll eben dieses Schicksal ereilt haben, denn ein Jahr nach seiner Jagd wurde er in Sarajevo ermordet –

Hin & weg: Bus 791 bis Haltestelle Langenfeld Heidacker Straße.

Beste Zeit: Frühling–Herbst.

Dauer & Strecke: 1,5 Std., 4 km.

Ausrüstung: Kamera, sonst glaubt einem doch keiner das Märchen vom weißen Hirsch.

So freundlich und so berührend: Die Wasserburg (links) und das Denkmal der Gefallenen von zwei Weltkriegen (rechts).

damit löste also der Tod des weißen Hirsches den Ersten Weltkrieg aus? Nicht ganz; angeblich soll es nämlich eine Gams gewesen sein, die Franz Ferdinand schoss, kein Hirsch.

Ganz in der Nähe erinnert im Wald ein Mahnmal an die 71 Menschen, die in der Wenzelnbergschlucht von den Nazis ermordet wurden. In der hiesigen Idylle scheinen diese Abgründe unwirklich, das Grün gibt Schutz und Heilung. Mehrere Wege schlängeln sich am Gravenberg hoch. Der höchste Punkt, eine Bank im Grünen, kann dabei leicht übersehen werden, denn Weitblick ist hier Fehlanzeige. Auf der Strecke liegt auch das Romantikhotel Lohmannshof (www.gravenberg.de) mit einem Biergarten sowie einer Saunalandschaft. Eine wunderbare Möglichkeit der Entspannung nach der Wanderung oder für einen anderen Tag. Nun

schnell weg von der Straße, durch Wiesen und Alleen wieder rein in den Wald und zum Haus Graven, einer Wasserburg aus dem Jahr 1300. Die freundlichen Mitglieder des Fördervereins Wasserburg Haus Graven e.V. heißen die Besuchenden willkommen (www.haus-graven.de). Im Innenhof befindet sich ein Café, und häufig werden öffentliche Ausstellungen präsentiert.

Tipp: Ganz in der Nähe liegt die Ohligser Heide, ein 156 Hektar großes Naturschutzgebiet mit Heide-, Moor- und Waldlandschaften. Gemeinsam mit dem Hotel ein wunderbares Wochenendziel.

FAZIT: EIN SPAZIERGANG MIT VIELEN FACETTEN.

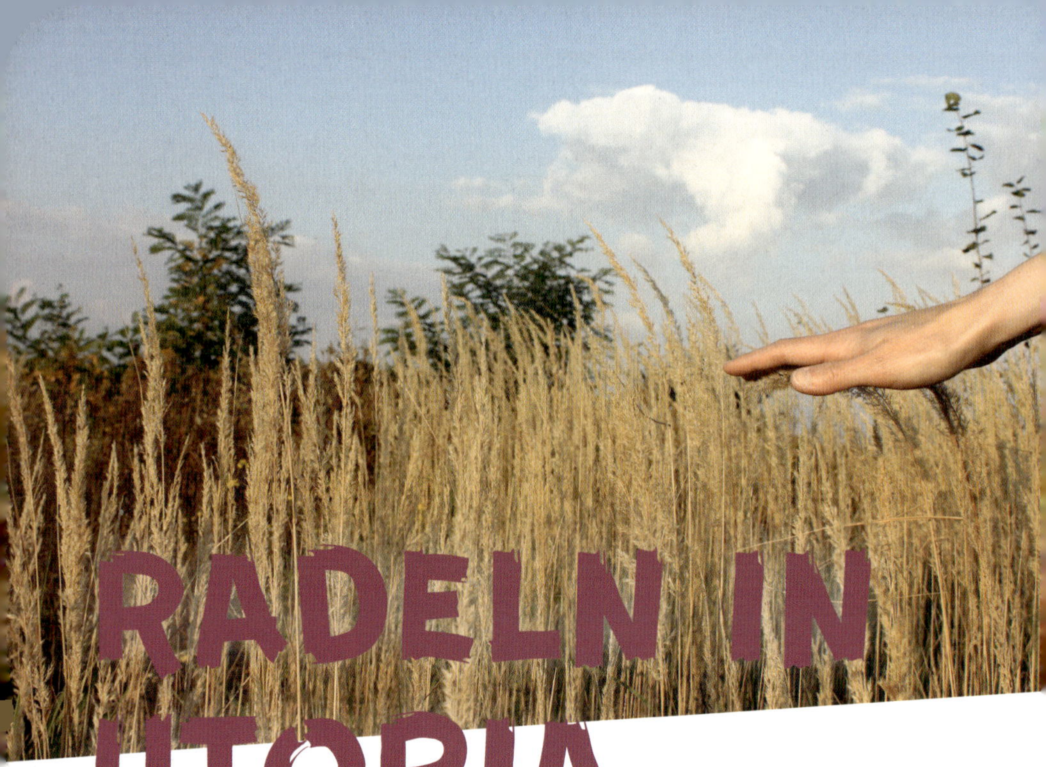

RADELN IN UTOPIA

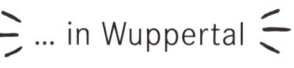

… in Wuppertal

#9

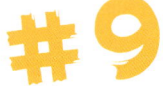

Utopia kann um die Ecke liegen, oder auch in Wuppertal. Im Bahnhof Mirke befindet sich ein Kultur- und Kreativquartier als Labor. Ein besonderer Fahrradverleih gehört auch dazu, denn die Bahntrasse hat sich zu einem Radweg gewandelt, den es zu erkunden lohnt.

#solidarisch #gemeinsameLösungen #Utopienentdecken

Tschu tschu! Hier fuhr der Zug.

Der Bahnhof Mirke aus dem 19. Jahrhundert hat schon einiges gesehen. Seit Ende der 1980er-Jahre steht das Gebäude unter Denkmalschutz, und die letzten Zugfahrten fanden wenig später, Anfang der 1990er, das letzte Mal statt. Dann lag die Bahntrasse still und der Bahnhof ebenso. Seitdem jedoch 2011 die Utopiastadt, ein kreatives Netzwerk, eingezogen ist, passiert einiges, und die Stille wich Kunstveranstaltungen, Co-Working-Spaces, einem Café und vielem mehr. All dies lohnt es sich in Ruhe zu erkunden. Wenn der Bahnhof von der Stadt aus betreten wird, geht's erst einmal vorbei an einem Foodsharing-Regal sowie Plakaten mit politischen Forderungen und Ankündigungen, und vielleicht wird ja sogar

gerade eine der zukunftsweisenden und kreativen Aktionen veranstaltet. Im Sommer 2022 verwandelt sich das Gelände zum Beispiel in einen internationalen Campus für nachhaltiges Bauen in der Stadt. Der alte Mirker Bahnhof ist also immer anders, immer wuselig und immer bunt. Besonders auf der Terrasse an der Trasse lässt es sich gut aushalten. Im Liegestuhl mit Blick auf Urban Gardening Projekte oder Streetart. Vor Ort ist auch der kostenlose Radverleih Utopiastadtrad untergebracht. Die Mirker Schrauba haben hier eh-

Bunt, bunter, Utopiastadt. Das Bahnhofsgebäude und auch die Trasse lohnen mehr als nur einen Besuch. Hier lässt es sich wirklich gut aushalten.

renamtlich zahlreiche gespendete Fahrräder bereitgemacht. Mountainbikes, Damen- und Kinderräder sowie Fahrräder mit besonders tiefem Einstieg können für 20 Euro Pfand genutzt werden.

Die stillgelegte Bahntrasse dient heute als Fuß-, Rad- und Skateweg, der zur Freude von Pendlern eine schnelle autofreie Verbindung von Ballungszentren Wuppertals darstellt. Durch kühle Tunnel und vorbei an grünen Hügellandschaften führt die ebenmäßige Straße. Fast wie im Flug radelt man über mehrere Viadukte und die Legosteinbrücke, die – wie der Name schon verrät – aus gigantischen Legos »zusammengebaut« ist. Doch auch ein Päuschen am Wegesrand empfiehlt sich. Die Heidelandschaft auf ehemaligen Mülldeponien lockt mit besonders schönen Ausblicken, zudem warten oben auf den Hügeln Bänke zum Entspannen oder Picknicken. Hat man das eine Ende der Nordbahntrasse erst mal erreicht, ist natürlich nichts dagegen einzuwenden, zum Bahnhof zurück- und in die andere Richtung runterzubrausen.

Tipp: Im Bahnhof Mirke passiert so einiges. Erneuerbare Energie, gemeinsame Stadtgestaltungen oder Kulturaustausch, viele Themen und Formate sind partizipativ angelegt. Auch bei Utopiastadtrad wird Mithilfe und Unterstützung in unterschiedlicher Form begrüßt. Wer Lust hat, noch tiefer in die Utopie einzutauchen, meldet sich einfach unter www.utopiastadt.de

FAZIT: SO VIEL IST MÖGLICH, WENN SICH MENSCHEN ZUSAMMENTUN! EIN INSPIRIERENDER UND OPTIMISTISCH STIMMENDER TAG, NACH DEM MAN DANKBAR NACH HAUSE GEHT.

Hin & weg: Vom Hauptbahnhof Wuppertal zu Fuß oder mit dem Bus 620 direkt zum Bahnhof Mirke.

Beste Zeit: März–Oktober. Wer ein Rad leihen will, sollte die unterschiedlichen Öffnungszeiten unter clownfisch.eu/utopiastadtrad beachten.

Dauer & Strecke: 5 Std., 24 km.

Ausrüstung: Alles, was Rollen hat, kann mitgebracht werden. Für den kostenlosen Verleih werden 20 Euro Pfand und ein Ausweis verlangt.

BEI DER MUTTER DER KRÄUTER

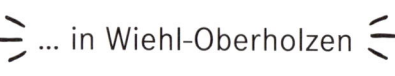

... in Wiehl-Oberholzen

#10

Ein sonniger Spätsommermorgen scheint ideal für eine kleine Flucht in die Natur und zu den (Heil-)Kräutern im Bergischen. Messer, Schere, Handschuhe eingepackt, Korb dazu – fertig.

Eine urige Atmosphäre und ein umfassendes Wissen erwarten Besucher am Oberbergischen Kräuterhaus.

Ganz am Anfang steht die Begegnung mit der Kräuterhexe. Ein paar letzte enge Kehren noch und das fröhlich bemalte Oberbergische Kräuterhaus schiebt sich ins Blickfeld (www.oberbergisches-kraeuterhaus.de). Genauso bunt (gekleidet) und fröhlich ist Ines Pack, die fast alles über Wild- und Heilkräuter weiß. Und: Wissensvermittlung bei ihr ist kein bisschen öde. Im Haus dann eine Duftexplosion, kein Wunder bei 250 Kräutern. In den unzähligen Lädchen und Regalen warten noch viel mehr Schätze: Tees nach eigenen Rezepturen, Küchenkräuter und Würzmischungen, Naturkosmetik und -seifen, Sämereien und Jungpflanzen ... Ab in den Kräutergarten, in dem Schautafeln kundig informieren.

Das Wissen von Ines Pack ist phänomenal, eine Begegnung mit ihr macht Spaß ...

idyllisch und aussichtsreich. Und bleibt so. Trittsicherheit ist bei dieser Tour zu empfehlen, insbesondere bei matschigem Wetter. Das Rauf und Runter und die tollen Ausblicke machen Laune. Und am Wegesrand sprießt es – doch gibt es immer weniger Heilpflanzen. Viele sind ganz aus dem Bergischen verschwunden. Auch die Acker-Glockenblume ist selten geworden, dabei ist sie als Bienenweide so wichtig. Gehalten hat sich der Gundermann mit seinem violett blühenden Köpfchen, dem der hohe Vitamin-C-Gehalt den Namen Soldatenpetersilie beschert hat. Scharf-pfeffrig eignet er sich zum Aromatisieren von Kräuterölen, aber auch zum Würzen von Salaten und Pfannengerichten. Und in Schokolade getaucht, ist er ein super After-Eight-Ersatz. Also ab in den Korb damit.

Gut zwölf Kilometer ist die Wanderung lang, die Ines Pack empfiehlt. Ein kleines Stück über Asphalt und dann wird's grün, hügelig,

Rosa blüht der Hohlzahn, der sich am Waldrand wohlfühlt und als Rohkost verzehrt werden kann. Ines Pack ist sich sicher, dass die Natur weiß, was die Menschen brauchen. Hohlzahn etwa wirkt unterstützend bei Erkrankungen der Lunge, während die Brennnessel als stressmindernd gilt und gut im Salat schmeckt – perfekt für unsere schnelllebigen Zeiten.

Der Gemeine Beifuß ist für viele die Pflanze ihrer Kindheit: er kam als Füllung in die Weihnachtsgans. Lange Zeit galt er als Mutter aller Kräuter, heute ist er in Vergessenheit geraten. Dabei passt er gut zu Suppen, Pilzgerichten und Eierspeisen. Giersch wächst fast überall, auch er eigentlich ein Un-Kraut wie der Beifuß, dabei schmeckt er wie Spinat zubereitet ausgezeichnet. Auf der Wiese dann noch ein paar

... wem nicht langt, was er auf der Wanderung und bei einem kurzen Besuch im Kräuterhaus erfährt, der bucht einfach einen Workshop bei Ines.

Gänseblümchen eingesackt und ein bisschen Wiesenschaumkraut – lecker! Fürs Dessert ein paar Kapseln der nach Anis schmeckenden Süßdolde, und das Abendessen ist gerettet.

Tipp: Hunger? Leckeren Kuchen gibt's in Holstein's Mühle in Nümbrecht (www.holsteinsmuehle.de, circa zehn Kilometer), einer alten Wassermühle im NSG, wo auch gerne geheiratet wird. Noch mehr Zeit? Um die Ecke thront im Wald das gleichnamige Barockschloss (www.schloss-homburg.de) über dem Homburger Ländchen, heute mit Museum, Biologischer Station, Rasenlabyrinth und Kräutergarten!

Hin & weg: Kostenfrei parken am Wanderparkplatz Oberholzen (350 m oberhalb vom Kräuterhaus). Der Spaziergang beginnt am Kräuterhaus. Mit ÖNVP nicht zu erreichen.

Beste Zeit: Zum Kräutersammeln Frühjahr–Sommer, zum Rodeln bei Schnee.

Dauer & Strecke: 3,5–3,75 Std., knapp 12 km, 365 Höhenmeter. Mit Besuch des Kräuterhauses (Mi, Fr), Picknick, Einkehren, Kräutersammeln beliebig länger. Man folgt immer wieder dem Rundweg A3 (www.sgv-berg.de/wanderweg?wegId=846).

Ausrüstung: Feste Schuhe, Proviant, Decke, Messer und Korb, Kräuterführer, im Winter Schlitten.

FAZIT: DIE TOUR FÜHRT DURCH WALD UND WIESEN UND BIETET TOLLE AUSBLICKE UND VIELE KRÄUTER AM WEGESRAND. AUCH IM SCHNEE SCHÖN – DANN ABER OHNE KRÄUTER!

→ ABSTECHER…

ALLES MÜLL, ODER WAS?

⋝ … in Lindlar-Leppe ⋜

#11

Auf eine Mülldeponie klettern und Spaß haben? Geht das? Ja, wie der Besuch im :metabolon beweist. Hier wird getobt, gerutscht, geskatet, gebikt, gewandert und ganz nebenbei noch was gelernt. Und oben wartet eine kolossal gute Aussicht.

Auf die Matte, fertig, los! Doch vor dem Losdonnern verdient das Bergische Land von hier oben einen langen Blick!

Wow! An der Kegelspitze, in fast 400 Metern Höhe, bietet sich ein Rundumblick auf das Bergische Land. Und auf der längsten Doppelrutsche Deutschlands geht's dann wieder runter. Doch Stopp: Vor dem schnellen Ab-

gang liegt ein 360 Stufen zählender, schweißtreibender Aufstieg auf der Recyclingachse. »Da muss ich hoch?«, quietscht ein Kind beim Anblick des gewaltigen Kegels entsetzt. Und recht hat es, denn vor dem flüchtigen Vergnügen liegen ein 400 Meter langer Fußweg, besagte Treppen und ein letzter steiler Anstieg – erst dann ist das :metabolon (www.bavweb. de/-metabolon) bezwungen.

Vor zehn Jahren noch kannte niemand diesen insgesamt 45 Hektar großen Ort, der sich im Bergischen zu einer kleinen Attraktion gemausert hat. Die einstige Mülldeponie ist heute einer der modernsten Entsorgungsstandorte Europas. Im Mittelpunkt stehen die Themen Kreislaufwirtschaft und zirkuläre Wertschöpfung. Das kapiert natürlich kein Knirps, doch lauscht er einer der sprechenden Mülltonnen am Wegesrand, lernt er spielerisch dazu.

Das :metabolon hat eine Wahnsinnskarriere hingelegt: von der Mülldeponie zum Innovationsstandort.

Beim Thema Handy etwa. Mülltonnendeckel auf und zugehört: »Du kannst mich so lange verwenden, bis ich wirklich kaputtgehe. Oder du fragst mal rum, wer mich noch brauchen kann. Ich bin es so satt, alle zwei Jahre werde ich ausgetauscht. Blöde Modetrends.« In der Müllwand sind dann auch Handys jeglicher Bau- und Machart zu finden, neben allem möglichen Elektroschrott, Dosen, Spielzeug, Küchengeräten, Plastikflaschen …

Doch es wird nicht nur gelernt. Spielplatz mit Niedrigseilgarten, Bistro und riesige Holzschaukeln liegen am Wegesrand zum Gipfel. Einen Heidenspaß haben Skater, Mountainbiker und BMXler auf dem Pumptrack mit seinen Bodenwellen und Steilkurven. Etwa auf halber Höhe zum Gipfel schon mal eine Rutschmatte geschultert, weiter geht's. Besser den Blick nicht nach oben schweifen lassen, lieber nach rechts und links ins Bergische. Den Müllberg übrigens sieht man nicht, er ist mit einer mehrere Zentimeter starken Folie verschweißt.

Endlich oben. Die Aussichtsplattform mit ihren organischen Formen in schönstem Pink-Orange erinnert an eine Kraterlandschaft und wirkt wie eine riesige Lounge-Terrasse. Erst mal ausruhen und die Wahnsinnsaussicht genießen. Oder dem Himmel auf den Trampolinen noch näherkommen? Den Energie-Lehrpfad besuchen? Und dann ist da ja auch noch die Rutsche … Rutschmatte aufgelegt – und rasant 110 Meter in die Tiefe. Noch mal! Klar, denn nach dem Aufstieg ist schließlich vor dem Aufstieg! Und immer wieder aufs Neue kann man sein ganz spezielles Gipfelglück genießen.

FAZIT: DER WOW-FAKTOR OBEN IN PUNCTO AUSSICHT UND DER SPAß MIT RUTSCHEN, TRAMPOLINEN, PUMPTRACK, HÄNGESCHAUKELN UND MEHR TOPPEN DIE ANSTRENGUNG ALLEMAL.

Hin & weg: (Wander-)Parkplätze am :metabolon; Busse 316, 331, 333, Haltestelle Lindlar .metabolon.

Dauer: 2–3 Std., je nachdem, ob man noch wandert, im Bistro einkehrt, sich die Ausstellung ansieht, picknickt oder am Ausblick hängen bleibt – oder wie schnell man sich von der Rutsche trennen kann.

Beste Zeit: Frühjahr–Sommer. Bei Nässe wird nicht gerutscht und das Gelände ist bei Schnee und Eis gesperrt.

Ausrüstung: Feste Schuhe, Skateboard oder Rad, Proviant, Fotoapparat – und eine Portion Mut kann auch nicht schaden!

ES KLAPPERT DIE MÜHLE

⤍ ... bei Bergisch Gladbach ⤎

#12 Die Alte Dombach ist etwas Besonderes – nämlich eine Papiermühle. Seit 1618 liegt sie in Bergisch Gladbach am Flüsschen Strunde und beherbergt heute das größte Papiermuseum Deutschlands. Bei einem gemütlichen Spaziergang durch den Wald wandeln Besucher auf den Spuren der Papierherstellung.

Bock auf einen bergischen Bock?

Der Alte-Dombach-Spaziergang lässt sich hervorragend von der Bergisch Gladbacher Innenstadt aus starten. Wer durch eine höher gelegene Wohnsiedlung streift und auf einmal drei adrette, schief angebrachte Briefkästen auf der rechten Seite sieht, ist garantiert auf dem richtigen Weg. Schon weichen die Häuser einem Waldstück, durch das gemächlich die Strunde, ein ehemaliger Nebenfluss des Rheins, fließt. Dieser war lange Zeit von gro-ßer Bedeutung für diese Region. Zeitweise waren gleichzeitig 36 Mühlen in Betrieb, welche der Strunder Bach zum Klappern brachte. Hier begegnet einem auch die Markierung der Wanderroute Zuweg.

Die Strunde trieb damals ebenfalls die Papiermühle Alte Dombach an, Ziel des kurzweiligen Spaziergangs. Mehrere Jahrhunderte, vom 17. bis ins 20., stellten die Menschen dort Papier

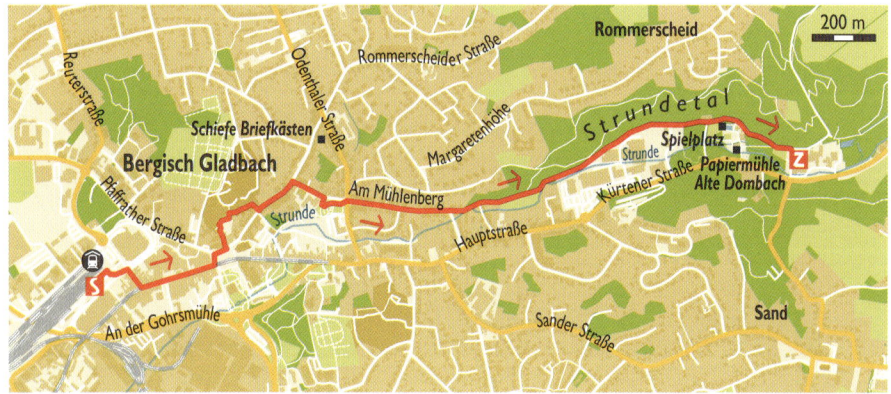

her. Kurz vor diesem historischen Ort verlässt die Strunde die Wanderer und es scheint fast, als müsse man nach rechts abbiegen und an der Hauptstraße weiterlaufen. Doch dem ist nicht so; der Weg führt nicht, wie man annehmen könnte, in eine Einfahrt, sondern an den Häusern vorbei. Wenig später taucht plötzlich zwischen den Bäumen der schöne hölzerne

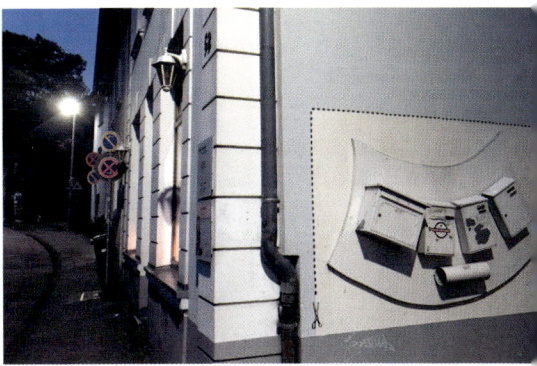

247 Kilogramm, so viel Papier verbraucht ein Mensch im Durchschnitt in Deutschland im Jahr. Welche Rolle dabei wohl die Bürokratie spielt?

Alte-Dombach-Themenspielplatz auf. Dann ist schon die Papiermühle Alte Dombach erreicht. Draußen sind monströse alte Maschinen in einem Park angeordnet und können jederzeit durch ein Gitter betrachtet werden.

Den Eingang zum Gelände markiert die Figur eines alten Mannes; vielleicht hat er einst in der Fabrik gearbeitet? Heute befinden sich an Stelle der Fabrik das größte Papiermuseum Deutschlands und ein Museumscafé. Spannende Geschichten, Aktivitäten wie Papierschöpfen und Sonderausstellungen, etwa zum Klopapier und stillen Örtchen, erwarten die Besucher. Doch auch das Gelände der alten Mühle mit den Fachwerkhäuschen, dem großen Mühlrad und der ein oder anderen Skulptur, ist eine Erkundung wert.

Wer anschließend Lust hat, den Spaziergang auszudehnen, entdeckt in der Umgebung zahlreiche Wanderwege – es locken grüne Täler und Wälder.

FAZIT: EIN KLEINES, FEINES BERGISCHES ERLEBNIS MIT VIEL FACHWERK UND HISTORIE AM RAUSCHENDEN BACH.

Hin & weg: Vom Hauptbahnhof Bergisch Gladbach geht's zu Fuß weiter.

Beste Zeit: Das ganze Jahr über, aber besonders schön im Herbst.

Dauer & Strecke: 0,5 Std., 3 km.

Ausrüstung: Bequemes Schuhwerk.

KURZ UND KLASSISCH

$\succ$ ... in Cronenberg $\prec$

#13

Was ist klassisch Bergisch? Fachwerk, Schiefer, Wald, Weiden, Bäche, Hügel, Kaffeetafel und Mundart gehören auf jeden Fall dazu. Kurze Wanderungen mit beglückenden Nebenwirkungen auch. All das trifft sich in der Cronenberger Runde!

#CrownHill #Hunderunde #Brombeerennaschen #Werkzeugkiste #Bäumeumarmen

Pilzkenner entdecken hier im Herbst auch Maronenröhrlinge, Pfifferlinge oder Steinpilze.

Los geht's im historischen Ortskern von Cronenberg: Die Krings Ecke, prächtiges Fachwerkhaus im Dorp, bildet zusammen mit der Zwiebelturmkirche den Eingang zur Schorfer Straße und Start der Runde. Bezaubernd übrigens die beleuchtete Kirchkuppel bei Nacht, noch schöner im Advent, wenn dort sonntagabends der Posaunenchor spielt und die Dörper unter sternenklarem Himmel mitsingen. Überhaupt laden die engen Straßen rund um den Platz für alle an der Kirche zum Bummeln

ein. Dabei fällt es leicht, auf Spuren des historischen Stadtrundgangs des Cronenberger Heimat- und Bürgervereins (www.chbv.de) zu treffen, der verführerisch das Café Born im Hause vom Cleff (www.born-cafe.de) einschließt. Das klassisch bergische Schieferhaus zeigt sich außen und innen vom Jugendstil geprägt, ein feiner Treffpunkt der Dörper Plattkaler-Gilde, die sich hier am Stammtisch zur Pflege der Mundart trifft. Die Angebote von Kuchentheke und Mittagskarte sind ver-

Alle zwei Jahre verwandelt sich der stille Ortskern (rechts) in ein betriebsames Zentrum: Zur Cronenberger Werkzeugkiste verkaufen ortsansässige Weltmarktführer Qualitätswerkzeug direkt vom LKW für einen guten Zweck.

lockend und werden im Sommer auch draußen unter der alten Friedenseiche serviert. Gut zu wissen, dass die Tour wieder hierhin zurückführt!

Also erst einmal weiter in Richtung Wald, bis das Schild zur Gedenkstätte für russische

Hin & weg: Schnellbus CE64, CE65 oder 625 ab Wuppertal Hbf oder Solingen bis Haltestelle Cronenberg Rathaus. Direkt am Krings Eck aussteigen und starten. Parkmöglichkeiten am Rathaus.

Beste Zeit: 365 Tage im Jahr schön, im Herbst besonders.

Dauer & Strecke: 1 Std., 3 km, plus Bummel durchs historische Zentrum. Die kurze Rundtour kann an fast jedem Punkt beliebig verlängert werden. Schön z. B. Richtung Adelenblick und Manuelskotten (ca. 8 km lange Rundtour).

Ausrüstung: Festes Schuhwerk, offene Sinne.

Zwangsarbeiter den Weg in den abgelegenen Teil eines besonderen Friedhofs weist. Das Denkmal für die Kämpfer gegen den Faschismus klagt die Henker an und greift ein dunkles Kapitel der örtlichen Geschichte auf. Möglich ist ein Abstecher über den geschichtsträchtigen Friedhof, mit Denkmalfeld und klassizistischen Grabmälern auf der Toskana Allee, eine interessante Verbindung von alter und moderner Friedhofskultur.

Zeit, den Kopf freizubekommen, und dabei hilft der großartige Blick auf weites Feld und Wald. Wie bunte dahingewürfelte Pompons bilden die Baumkronen farbige Muster. Ab jetzt gilt nur noch eins: draußen sein und Streicheleinheiten für die Seele sammeln. Die finden sich in der Weitsicht ebenso wie im würzigen Geruch und munteren Rascheln des Laubs. Zunächst unbemerkt, auf die Dau-

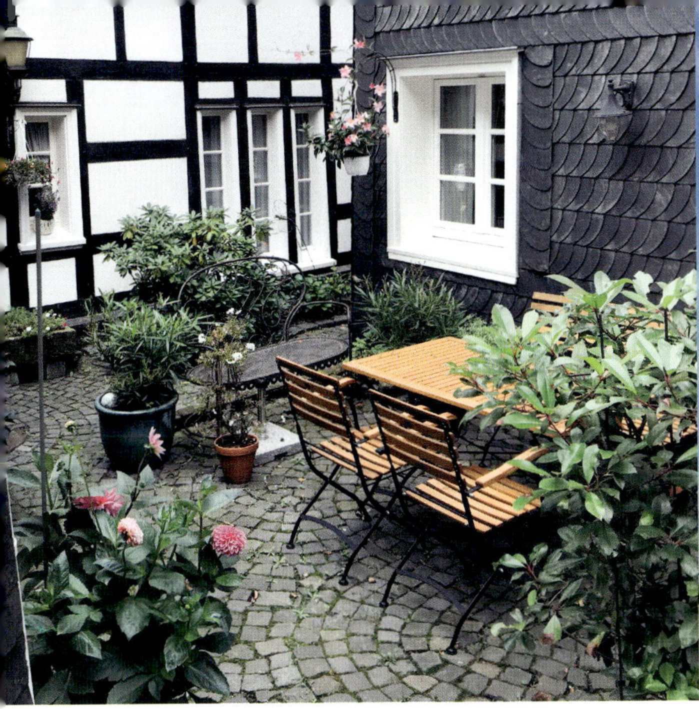

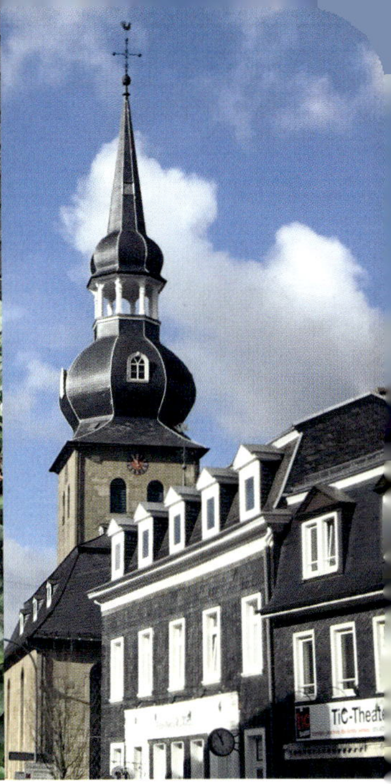

er deutlicher, geht es jetzt stetig auf und ab – klassisch bergisch halt.

Die Tagesverfassung entscheidet, ob die sportliche oder flanierende Gangart das Tempo und die Gedanken bestimmt. Dabei bilden immer wieder hohe bunte Blätterdächer ideale Orte, um kurz innezuhalten: Augen schließen, den Boden unter den Füßen spüren und ganz Ohr werden, Vogelstimmen oder dem Rascheln der herabfallenden Blätter lauschen. Wunderbar, die Klangdichtung dieses Moments zu hören, zu verfolgen und aufzunehmen. Dem schließt sich beruhigtes Weitergehen an. Spätestens wenn zum Ende der Runde Esel und Pony auf der Weide grasen, geht das Herz auf, und wie durch ein kleines Wunder ist der Kopf wieder frei, die Stimmung gehoben. Am Horizont weist der Zwiebelturm den Rückweg in Richtung Café.

FAZIT: KLASSISCH BERGISCHE KOMBINATION AUS NATUR UND KULTUR IN EINER KURZEN RUNDE, DIE EINFACH GLÜCKLICH MACHT.

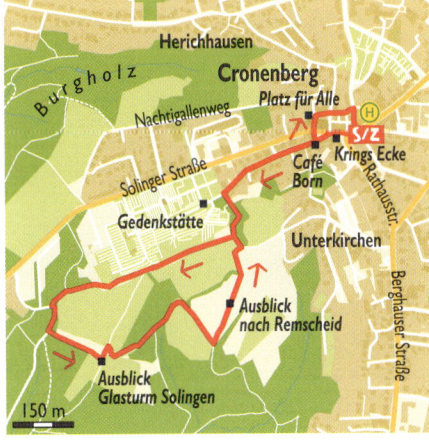

MÄRCHEN-HAFT RADELN

>= ... in Wuppertal =<

#14

Nostalgisch und zukunftsweisend er-
schließt sich die Sambatrasse von Elber-
feld in den Wuppertaler Süden. Mit Ab-
stechern ins Zooviertel und ins Burgholz
verwandelt sich die geradlinige ehemalige
Schienenbusstrecke in eine märchenhafte
und abenteuerliche Runde.

→ ABSTECHER …

Der schönste Weg, um auf Wuppertals Südhöhen zu gelangen: die Sambatrasse.

Der kleine, feine Wuppertaler Bahnhof Zoo besticht durch das ehemalige Empfangsgebäude mit Turmaufbau im Fachwerkstil. Hier ist der Ausgangspunkt der Tour sowie des gründerzeitlichen Villenviertels rund um den Zoo (www.zoo-wuppertal.net). Zwar ist das Zooquartier nicht so groß wie das im Norden gelegene Briller Viertel, das größte zusammenhängende Villenviertel Europas, dennoch lässt sich auch hier leicht ein Zugang zum Wuppertal um die Jahrhundertwende finden. Es lohnt sich, das Fahrrad durch die Straßen zu schieben, um Architektur und Gärten zu entdecken. Nebeneffekt: Bei der Steigung spart das wertvolle Puste. Unbedingt eine Rast am Märchenbrunnen einplanen, um die

Auf rund 200 Hektar weist das Arboretum Burgholz mehr als 100 Nadel- und Laubbaumarten verschiedener Kontinente auf und bildet so das größte Anbaugebiet fremdländischer Baumarten in Deutschland.

Szenen aus Grimms Märchen zu begutachten. Dann ruft die naturnahe Sambatrasse mit etwa zwei Prozent Steigung auf den ersten

sechs Kilometern. Gleich drei Lieblingsspots gliedern den Hinweg: zu Anfang die Brücke über den Zoo mit Blick ins Gehege der sibirischen Tiger. Glück ist, wenn sich die kraftvollen Raubtiere zeigen. Ungefähr in der Mitte

Hin & weg: S8 von Hagen oder mit der S9 von Haltern am See nach Wuppertal Zoologischer Garten. Parkmöglichkeiten im Zooviertel, am Stadion und am Zoo.

Beste Zeit: Ganzjährig, im Herbst und Winter Witterungsverhältnisse beachten, dafür dann besonders schön. Achtung: kann an Wochenenden voll sein!

Dauer & Strecke: 1,5 Std. mit dem E-Bike, rund 25 km. Zu Fuß auch machbar, dann aber für eine Tagestour im Frühtau zu Berge loslegen.

Ausrüstung: Gutes Tourenrad, Mountain- oder E-Bike, Helm.

Das wichtigste Element des Brunnens thront obenauf:
Die Großmutter liest den Kindern Grimms Märchen vor.

dann der kultige Biergarten der Gaststätte
Bahnhof Burgholz (www.bahnhof-burgholz.de)
und zum Ende der Trasse der rote Schienen-
bus, der der Strecke den Namen gab. Leicht
vorzustellen, wie er seine Fahrgäste ordentlich durchschüttelte. Die verbanden das mit
dem in den 1950er-Jahren so beliebten Sam-
batanz. Deshalb: Sambatrasse.

Augenfällig auch der ehemalige Bahnhof Kül-
lenhahn mit Stahlmännchen und von Megx
als Lebkuchenhaus verzauberter Trafostation
sowie das Müllheizkraftwerk. Als nachhal-
tiger Produzent von Strom, Fernwärme und
Wasserstoff bringt es Wuppertal in Sachen
Nachhaltigkeit weit nach vorn in der NRW-
Modellregion Wasserstoff. Wissen, das den
Geruchssinn neutralisiert und die durch das
MHKW ganzjährig beheizten Außenschwimm-
becken einladend wirken lässt.

Auf dem Rückweg wird's abenteuerlich: An
dem leicht erkennbaren Rastplatz mit den
zwei Holzhaufen geht es bis zur Unterfüh-
rung der Schnellstraße bergab durchs Naturschutzgebiet. Das Arboretum Burgholz (www.
wuppertals-gruene-anlagen.de) wurde in den
1970er-Jahren mit Bäumen aus aller Welt auf-
geforstet und ist mittlerweile deutschlandweit
das größte Versuchsrevier mit forstwissen-
schaftlichen Studienzwecken. Der verwunschen wirkende Wald mit wilden Bachläufen
lichtet sich an der Wupper. Nun führt der Radweg friedlich zwischen Fluss und L74 bis zur

Kinder- und Jugendfarm Wuppertal. Diese bildet mit Außengelände, Tieren, Bauwagen und
Graffiti-Zäunen eine fröhliche Oase unter dem
Sonnborner Kreuz. Danach führt die B228
zurück Richtung Zoo. Auffällig am Wegesrand
ist die denkmalgeschützte Hauptkirche Sonn-
born. Am Stadionvorplatz lohnt sich ein letzter
Halt mit Blick auf die Schwebebahnhaltestelle
Zoo/Stadion. Erfüllt von den vielen Eindrü-
cken geht's zurück zum im Dornröschenschlaf
schlummernden S-Bahngebäude.

FAZIT: MÄRCHENHAFTE RUNDTOUR MIT
KURZZEITIGEN HERAUSFORDERUNGEN
UND ABWECHSLUNGSREICHEN ÜBERRA-
SCHUNGEN.

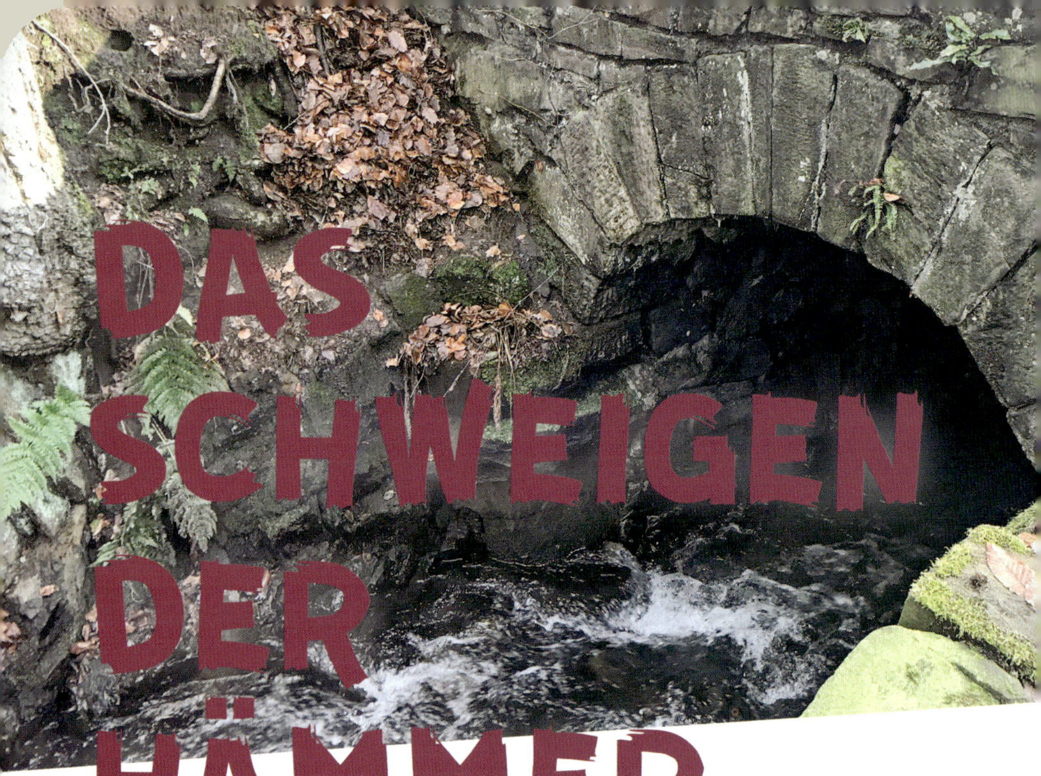

DAS SCHWEIGEN DER HÄMMER

… im Naturschutzgebiet Gelpetal

#15

Steffenshammer, Wolfertshammer oder Manneshammer, die Überreste ehemaliger Schmiede- und Schleifwerkstätten, tragen heute zum romantischen Flair an Gelpe und Saalbach bei. Schillernde Namen wie Bergisch Nizza oder Zillertal belegen den Wechsel vom frühindustriellen Gewerbe- zum Erholungsgebiet.

#GraceKelly #Löwenherz #Hammertour #Speckhämmerchen #DJÖtzi

Wasserkraft, der Schlüssel zum Erfolg! In der Vergangenheit ebenso wie für die Zukunft.

Der Start in das ebenso wilde wie romantische Gelpetal beginnt auf dem Naturlehrgebiet der Station Natur und Umwelt (www.stnu.de) und folgt zunächst dem Themenpfad zur ökologischen Beziehung von Bodenbildung und Bodennutzung. Stimmig, denn was sich hier auf dem Weg offenbart, ist eine packende Geschichte von Natur- und Kulturlandschaft. Sie erzählt vom Aufstieg und Fall der mit Wasserkraft betriebenen Werkstätten, von ehemaliger Nutzung und aktuellem Nutzen für seltene Pflanzen und Tiere. Überall am Wegesrand finden sich Infotafeln, die detailliert die facettenreiche Geschichte des Tals der rauschenden Bäche und ihrer emsigen Schmieden erzählen. Die Gelpe selbst führt an zahlreiche von der Natur zurückeroberte Anlagen ehemaliger Schmieden und Hämmer. Einzigartig reizvoll, sie aufzustöbern! Auch weil sie das wilde Mäandern der Bachläufe unterstützen und die ehemaligen Stauteiche heute idyllische Lebensräume für Amphibien und Insekten bie-

Löwendenkmäler in schillernd bunten Varianten prägen seit der Löwenparade zum 85-jährigen Stadtjubiläum 2014 die Stadt Remscheid. Am Steffenshammer darf das Wappentier der Stadt Remscheid natürlich nicht fehlen.

ten. Schön sind außerdem die Hohlwege, mit teils steilen Böschungen, die über Jahrhunderte durch Karren und Wasser ausgewaschen wurden und heute eindrückliche Wanderwege im Schutz der Natur sind.

Hin & weg: Busse 635, 645, 615 bis Jung-Stilling-Weg, CE64 bis Hahnerberg oder 630, 625 bis Station Natur und Umwelt von Wuppertal, Remscheid oder Solingen; Zuweg zum Pfad neben dem Sparkassengebäude. Alternativ mit dem Auto zum Wanderparkplatz Bergisch Nizza oder Steffenshammer, Einstieg dort in die Tour.

Beste Zeit: Ganzjährig. Vorsicht bei Regen und Wind.

Dauer & Strecke: 3 Std., 10 km. Aufgepasst: Lokale und Hinweistafeln verzögern das Gehtempo und so kann aus dem Abstecher leicht ein Tagesauflug werden.

Ausrüstung: Festes Schuhwerk, wetterfeste Kleidung.

Wo der Mensch sich zurückzieht, schützt sich die Natur selbst! Besonders schön ist das auf dem Weg zum Steffenshammer zu beobachten, der letzte noch funktionstüchtige mit Wasserkraft betriebene Schleifkotten im Gelpetal (www.steffenshammer.de).

Danach führt der Weg ins Zillertal, wo Gelpe und Saalbach zusammenfließen. Abseits von Tirol und Alpen findet sich hier das traditionelle Café-Restaurant Zillertal (www.haus-zillertal.de) mit uriger Gestaltung und einladender Außengastronomie.

Leider wurde das Ausflugslokal Bergisch Nizza 1943 zerstört, sonst wäre der Weg von Tirol in die Provence nur ein Katzensprung. Heute erinnert eine Tafel am gleichnamigen Wanderparkplatz an die ehemalige Gaststätte.

Entzückend sind auch der stilvoll restaurierte Käshammer in Privatbesitz sowie weitere ehemalige Gasthäuser, die von der mondänen Vergangenheit des Gelpetals im frühen 20. Jahrhundert sprechen. Der Abschied aus Bergisch Nizza fällt schwer, zumal der Gelper Hof (www.gelperhof.de) noch zur Einkehr lockt, bevor die Runde vorbei an Pferdeweiden, Bauernhof und über Wiesen zurück zum Hahnerberg führt. Dort schließt sich der Kreis mit dem Blick zurück auf das von der Natur geschützte Tal der wilden Bäche und Hämmer.

> **FAZIT: LOKALE KULTUR- UND NATURGE-**
> **SCHICHTE IN SCHÖNSTER AUSPRÄGUNG**
> **– ROMANTISCH, WILD, GESCHÜTZT UND**
> **EINLADEND.**

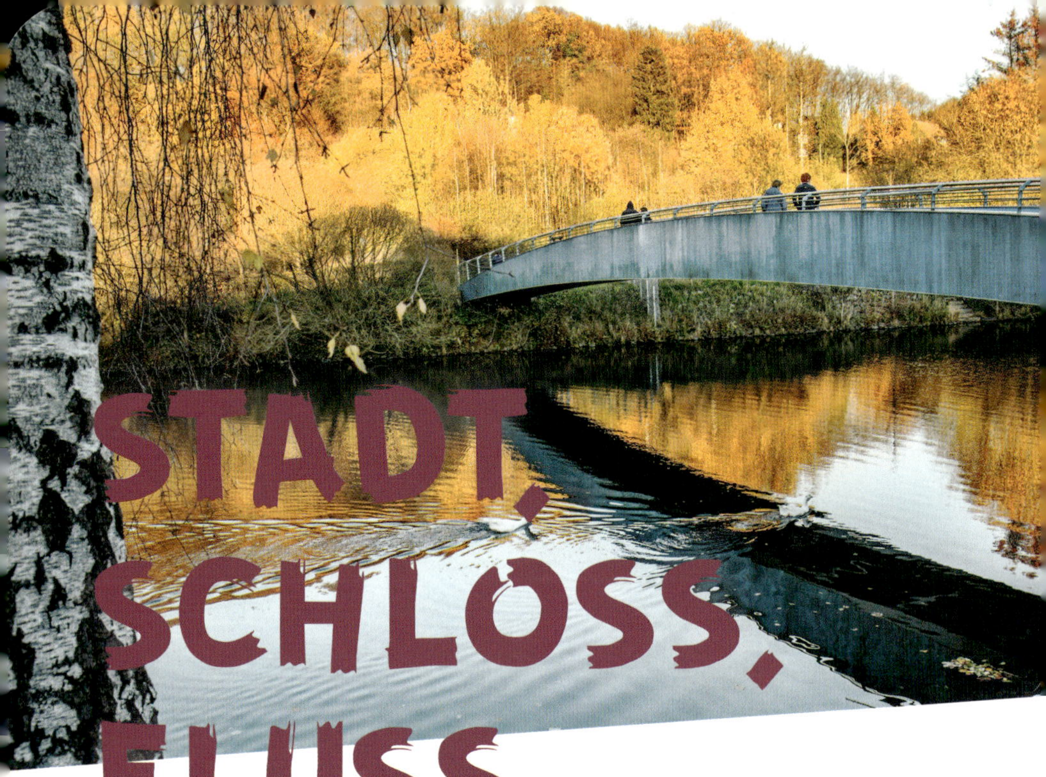

STADT, SCHLOSS, FLUSS

… in und um die Schlossstadt Hückeswagen

#16

Novemberblues. Die Tage werden kürzer, die dunkle Jahreszeit beginnt, die Stimmung kippt … Von wegen! Der Himmel ist knallblau, das Licht einfach fantastisch, die Temperaturen sind erträglich. November in Hückeswagen und an der Wupper – die Laune könnte besser nicht sein.

#bergischerDreiklang #vielWasservorderTür #imRauschderFarben

Indian Summer an der Wupper ...
Alle Gelb- und Rotschattierungen
sind vorhanden – Herbststimmung
vom Feinsten!

Wie gut, dem Wunsch getrotzt zu haben, auf dem Sofa sitzen zu bleiben. Denn mit Hückeswagen erwartet Neugierige ein bergisches Juwel – für viele sogar die Perle des Bergischen Landes. Zunächst ein kurzer Abstecher in die Geschichte: im 11. Jahrhundert Sattelhof fränkischer Könige, dann Residenzstadt der Grafen von Hückeswagen, 1260 in den Besitz derer von Berg übergegangen, im 18./19. Jahrhundert eines der wichtigen Zentren der Tuchmacherindustrie. Von dem damit einhergehenden Reichtum zeugen noch heute viele Gründerzeitvillen in der Stadt. Doch erst einmal raufgeklettert zum Schloss, das auf einem Bergsporn hoch über dem Tal der Wupper thront. Es wirkt mit seinen hellen Steinen, den verspielten Erkern, witzigen Türmchen und gelben Rosen genauso freundlich wie die gesamte Schlossstadt – ein Titel den Hückeswagen seit 2012 offiziell tragen darf.

Enge Kopfsteinpflastergassen durchkreuzen die historische Altstadt. Die Bürgerhäuser in Island- und Marktstraße zeugen vom einstigen Reichtum, die Villen der Tuchfabrikanten in der Bachstraße ebenfalls. Feinster Bergischer

Hin & weg: Mit den Buslinien 261, 336, 339 zum Busbahnhof in Hückeswagen; Wanderparkplatz am Mühlenweg.

Beste Zeit: Ganzjährig, besonders schön im Herbst, für Kanuten im Sommer.

Dauer & Strecke: Stadtrundgang ca. 1 Std.; Wasserweg 1,25–1,5 Std. für 4,5 km, leicht, familientauglich (Bergischer Streifzug 2), verlängerbar auf knapp 11 km (Historischer Rundweg Wuppertalsperre; www.hueckeswagen.de/tourismus-kultur/tourismus/wandern). Insgesamt 2,5–4,5 Std., mit Picknick, Einkehren, Museum im Schloss gerne auch einen Tag.

Ausrüstung: Feste Schuhe, warme Kleidung, Proviant, Sonnenbrille nicht vergessen!

Dreiklang mit weißem Putz, grauem Schiefer, grünen Fensterläden prägt das Straßenbild. Dazwischen bunte Blumentupfer: knallrote Geranien, gewaltige Dolden verwelkender lila- und rosafarbener Hortensien, Herbstlaub in allen Schattierungen. Leerstehende Häuser erinnern daran, dass viele junge Leute die Region verlassen – in Hückeswagen wie im gesamten Bergischen Land. Auch Maria Johanny, Tochter reicher Tuchfabrikanten, verließ ihre Heimat mit nur 18 Jahren. Sie kam allerdings nur bis Bergisch Gladbach, wo sie die Ehe mit dem wohl noch wohlhabenderen Papierfabrikanten Carl Richard Zanders schloss. Eine Verbindung wie fürs Bergische gemacht …

Am Fuß von Schloss und Altstadt wurde die wilde Wupper in ihre Schranken verwiesen. Seit gut 40 Jahren stauen Wuppertal- und Wuppervorsperre den Fluss zu einem in die

Impressionen der Schlossstadt Hückeswagen. Auch sie gibt sich im Herbst ganz goldig.

Länge gezogenen Stausee auf, der sich ganz brav gibt. Einst galt die Wupper, die bis Wipperfürth den Namen Wipper trägt, als fleißigster Fluss des Bergischen Landes, der Turbinen und Wasserräder für Metall-, Tuch- und chemische Industrie antrieb. Weshalb er schnell auch den Ruf als dreckigster Fluss des Bergischen bekam. Doch das ist Schnee von gestern, wie man sich auf dem 4,5 Kilometer langen Wasserweg selbst überzeugen kann. In einem eleganten Bogen schwingt sich die schmale Fußgängerbrücke über die Wupper – malerisch zieht ein Schwan vor der bunten Blätterkulisse der Herbstbäume seine Bahn, golden bricht sich das Licht. Im Rausch der Farben an der Wupper!

Tipp: Lieber auf dem Fluss als am Fluss sein? Kein Problem. Auf einer zwölf Kilometer langen Kanuwanderstrecke sind Sperre und Vorsperre befahrbar. Schiff ahoi! (www.1a-region. de/staedte/hueckeswagen/kanu-fahren-auf-der-wuppervorsperre)

FAZIT: DIE TOUR MIT TUCHMACHERSTADT UND FLEIßIGEM FLUSS IST ABWECHSLUNGSREICH – UND ZUM ABSCHLUSS GIBT'S INDIAN SUMMER AUF GUT BERGISCH.

ZWISCHEN ZWEI FENSTERN

≥ ... auf dem Leverkusener Obstweg ≤

#17

Zeitfenster, Himmelfenster und Blick aus dem Fenster fügen sich nicht immer zusammen. Aber kurz mal raus, muss auch an Regentagen sein! Und was ist reizvoller, als Natur in Ruhepausen und Aussichten im tristen Herbstwetter zu finden? Einfach mal den Obstweg wählen und hinschauen!

Beim Quelltopf liegt der Quellaustritt am Grunde einer Mulde, in der sich austretendes Grundwasser in einem Tümpel sammelt. Erst wenn der Topf überläuft, bildet sich der Quellbach. Beste Versorgung für junge Obstbäume!

Die Zeit ist knapp. Zwischen zwei Schauern schnell losgehen und keine alltägliche Runde laufen. Der Weg soll nicht zu matschig sein, Körper und Sinne von Routine befreien, was anderes bieten. Ganz schön anspruchsvoll,

aber der Leverkusener Obstweg (www.nabu-bslk.de/obstwanderwege/) ist dafür die ideale Lösung. Obwohl der Besuch des Naturgut Ophoven (www.naturgut-ophoven.de) eigentlich ein Muss auf diesem Weg ist, liegt der Start am Claashäuschen (www.zum-claas haeuschen.de) ideal, um mögliche Launen der Natur und eigene Wünsche zu verbinden. Also Mut, der inneren Uhr, Bewegungsdrang und

Hin & weg: RB48 bis Leichlingen, weiter mit dem Bus 256 bis zur Haltestelle Leverkusen, Wuppertalstr., oder mit dem Auto direkt zum Parkplatz am Claashäuschen.

Beste Zeit: Ganzjährig, besonders schön im Frühjahr zur Obstbaumblüte und im Herbst.

Dauer & Strecke: 1 Std., 4 km, ab Bushaltestelle plus 10 Min.

Ausrüstung: Festes Schuhwerk, wetterfeste Kleidung, optional Wander- oder Walking-Stöcke.

Äpfel, Birnen, Kirschen, Mirabellen: Viele alte Sorten werden wieder neu angepflanzt. Und wenn das Obst reif ist, ist Naschen erlaubt!

Wetterwechseln zu folgen! Sobald der schöne Weg entlang des Ölbachs erreicht ist, fällt eh jegliche Spannung ab. Das muntere Plätschern übertönt alle Bedenken und der Quelltopf Spreenwald fasziniert durch den Austritt des Wassers aus unteren Schichten in eine Art Miniseenplatte. Diese überraschenden Besonderheiten würzen den Weg so, dass die kurze Strecke wie eine längere Exkursion erscheint: die alte Bahnüberführung, darüber die Balkantrasse, die witzigen Vorgärten in Atzlenbach mit dem so hübsch gepflegten Fachwerkverbund, die ehemalige Schnapsbrennerei in der Grunder Mühle und natürlich der Grunder Hofladen (www.grunderhof.de) mit ausgesuchten Leckereien, darunter Eierlikör, mmh!

Zwei weitere Highlights machen den Weg wirklich besonders: Da ist zum einen die Schöne Aussicht, die hier Wohnviertel, Kleingartenverein und die tatsächlich schöne Weitsicht über Felder, Bäume, auf den Kölner Dom und die Leverkusener Industrieskyline meint. Innehalten lohnt! Und natürlich die vom NABU angelegten Streuobstwiesen am Wegesrand. Eigentlich gehörten Streuobstwiesen zur Bergischen Kulturlandschaft. Bis in die 1950er-Jahre zählten sie wie selbstverständlich zu fast jedem Dorf. Vielfältige Obstsorten unterstützten die biologische Vielfalt und gesunde Ernährung. Danach wurde jedoch zeitweise sogar die Rodung von Obstbäumen subventioniert, sodass immer weniger Sorten eine Chance auf Fortbestand hatten. Seit 2021 ist der Streuobstanbau in Deutschland immaterielles Kulturerbe. Die ökologisch so wertvollen Lebensräume für Menschen und

Tiere erobern endlich ihre Stellung zurück. Es ist bewegend, vor diesem Hintergrund den Weg zu gehen und Bäume in ihrer schon spätherbstlichen Ruhepause zu sehen, wie sie Kraft für die kommende Saison sammeln.

Ein Blick zum Himmel kündigt segensreichen Regen an. Auch aus Respekt vor dem Tagesplan empfiehlt sich eine schnelle Rückkehr zum Ausgangspunkt. Die andere Hälfte der Runde gibt es dann bei der nächsten Regenpause, eine erfreuliche Aussicht!

FAZIT: ABWECHSLUNGSREICHER ABSTECHER, DER MIT NAH- UND WEITBLICK ZUM INNEHALTEN LOCKT UND DANK FESTER WEGSTRECKE AUCH MIT WALKING- ODER WANDERSTÖCKEN GUT BEGEHBAR IST.

AUF DEN SPUREN DER GESCHICHTE

 ... an der Agger bei Loope

#18 Ein lokales Wahrzeichen, das von Arbeit und Lohn erzählt, und ein Wasserschloss, das als eines der prächtigsten Adelssitze gilt. Und rundherum Land und Fluss. Eine feine kleine Tour, abgelegen des Üblichen, und doch so nah an der bergischen Historie und Kultur.

Auch bei kaltem Wetter kurze Pausen einlegen. Denn: Der Blick ins Tal lohnt sich allemal.

Badewanne am Wegesrand und verschwindet fast im Dickicht der sie umschließenden Hecke. Der Wald, der wenig später wartet, ist stellenweise sehr mitgenommen. Die letzten Jahre haben ihm zugesetzt. Es ist möglich, an Stege direkt an der Agger, die sich bei Engelskirchen staut, zu gelangen. Oberhalb erstreckt sich eine hügelige Waldlandschaft, und eine Bank lädt ein, den Blick streifen zu lassen. Vor einem erstreckt sich talförmig das heideartige Grubengelände Castor.

Die Schwungbrücke Kastor stand mal kurz vor dem Abriss und verbindet die Orte Kastor und Loope. Warum sie von den Einheimischen diesen Namen bekam, wird jedem schnell klar, der sie überquert. 1860 erbaut, steht sie heute unter Denkmalschutz. Doch sie wäre wohl nicht mehr hier, wäre da nicht ein gewisser Graf Maximilian von Nesselrode-Ehreshoven gewesen. Der einstige Eigentümer des Landes widersetzte sich der Errichtung einer massiveren Brücke. Damals war die Schwungbrücke für den Abtransport der Ressourcen Zink- und Bleierzen aus der Grube Castor von enormer Bedeutung. Tausende Tonnen von Erzen wurden über sie transportiert. Apropos Graf von Ehreshoven, auch der nächste Ort gehört zu diesem bedeutungsvollen Namen. Vorbei an der kleinen Kapelle des heiligen Kreuzes, in dessen Inneren immer ein Lichtlein brennt, muss zunächst die Straße überquert werden. Und direkt dort thront es schon, das Schloss Ehreshoven. Seine Geschichte geht noch viel

Die Agger erahnt der Wanderer zunächst nur. Das vorstädtische Loope zeugt von Neubau und alten Höfen. Unvermutet steht auch eine

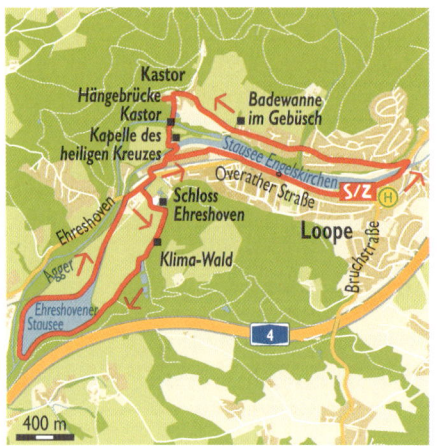

Mach dich vom Agger? Das Flüsschen Agger hat einen alten Namen. »Agger« hat aber nichts mit dem Acker zu tun, sondern ist keltischen Ursprungs aus vorgermanischer Zeit und bedeutet »fließendes Wasser«.

weiter zurück als die der Schwungbrücke. Viel hat dieses Haus bereits gesehen. Zunächst gehörte das vermutlich 1355 errichtete Gebäude der wohlhabenden Siegburger Abtei Michaelsberg. Die Familie Nesselrode-Ehreshoven besaß es 500 Jahre lang, und auch ein Altersheim für alleinstehende reiche Frauen war zeitweise unter seinem Dach.

Im Frühling ist das Schloss von herrlich blühenden Magnolien umgeben. Leider kann es nicht besichtigt werden, doch es ist ein Ort für Veranstaltungen und Events. Hat man es einmal umrundet, rufen wieder der Wald und ein weiterer, noch größerer Stausee. Die Stiftung Ehreshoven (www.stift-ehreshoven.de) hat hier einen Klima-Wald geschaffen. Wie wachsen die klimaresistenten Bäume?

Tipp: Auf der Schwungbrücke oder auf der Bank lässt es sich ganz wunderbar in die Sterne gucken! Wie wäre da es mit einer kleinen Nachtwanderung?

> **FAZIT: DIE SCHWUNGVOLLEN SPUREN DES MENSCHEN IM BERGISCHEN WALD, EIN ZEUGNIS VON ZUSAMMENLEBEN MIT HOFFENTLICH VIEL ZUKUNFT.**

Hin & weg: Bus 310 zur Haltestelle Loope Kirche.

Beste Zeit: Das ganze Jahr über.

Dauer & Strecke: Ungefähr 2 Std., 8 km.

Ausrüstung: Proviant (im Schloss gibt's kein Café), Tee, festes Schuhwerk.

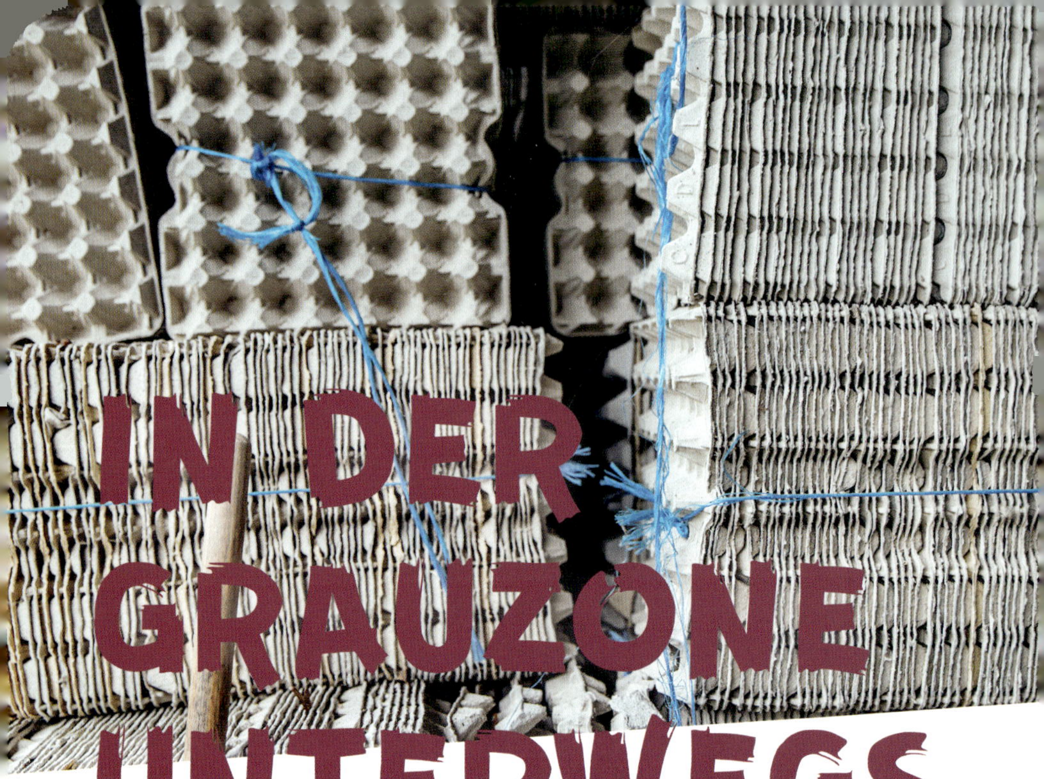

IN DER GRAUZONE UNTERWEGS

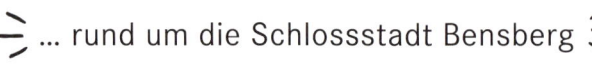

... rund um die Schlossstadt Bensberg

#19

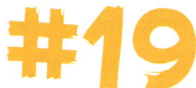

Der Himmel ist wie aus Blei, die Glieder sind es auch. Das Sofa ist bequem, der Weihnachtsbaum strahlt, draußen ist es GRAU. Trotzdem: Schweinehund bezwingen, raus. Auf nach Bensberg, wo das Schloss prunkt, das Milchborntal bezirzt und der geneigte Wanderer feststellt: Grau ist nicht Grau.

#winterwanderbar #einfachmalumdenken #knallroterIlex #Affenfelsen

Das Bensberger Rathaus hatte viel Spott zu ertragen und bekam wenig schmeichelhafte Beinamen wie Affenfels, Zementburg oder Beamtenbunker.

→ ABSTECHER ...

Er gilt als winterwanderbar, der Bensberger Schlossweg. Wie wunderbar. Start ist am Schloss in Bensberg, heute Grandhotel und Hochzeitslocation. Wen das barocke Prachtwerk an Versailles erinnert, der irrt nicht. Als Vorbilder galten Herzog Jan Wellem keine geringeren als die Schlösser von Versailles und Schönbrunn. Spektakulär ist auch seine Lage auf einem Hügel mit weitem Blick bis zu den Kölner Domspitzen.

Farbkleckse weisen den Weg: eine weiße 13 auf knallrotem Grund. An dem im Sommer sehr einladenden Freibad (www.baeder-gl.de/milchborntal) vorbei führt die Route ins Milchborntal. Der namengebende Milchbornbach heißt so, weil sein Wasser milchig-weiß schimmert. Rauf und runter geht's durch Mischwald – und eben dieses Rauf und Runter rund um Bensberg erinnerte Jan Wellems Frau, eine Medici, an ihre Heimat Toskana.

Ein grauer Novembertag – und doch so bunt: mit Indian-Summer-Blättern, gackernden Hühnern, der Milchtankstelle und Indianer-Kanus in Trappertown.

Zwei nicht so schöne Ereignisse rufen der Französische und der Kaiserliche Friedhof ins Gedächtnis. Unter anderem sollen hier 4000 Franzosen begraben liegen, Soldaten Napoleons, die an Typhus und Wundfieber verstarben. Zwar mussten die Franzosen letztlich abziehen, haben aber das Kölsche geprägt mit Begriffen wie Tschö (Adieu) oder Plümmo (plumeau) für das Federbett.

Wieder gute Laune machen die Steinfrüchte des Ilex, die satte rote Flecken ins Wintergrau setzen. Breiter wird das Lächeln noch, nachdem das zweite Schloss der Route passiert ist – Lerbach, einst Michelinstern-bekröntes Spitzenrestaurant und zurzeit wegen Renovierung geschlossen –, denn die Milchtankstelle ist erreicht und Zapfen angesagt. Ein Liter Milch ein Euro. Wer keine Flasche dabeihat, findet dort eine. Nicht weit hinter der Milchzapfanlage beginnt im nächsten Tälchen der Wilde Westen, im Weiler Kaltenbroich. Zwi-

Hin & weg: Mit der S1 von Köln bis U-Bahnhof Bensberg, dann ca. 10 Min. zu Fuß bis zum neuen Schloss. Am Schloss gibt's kostenpflichtige Parkhäuser und Parkplätze; gratis kann ein Stück entfernt an Falltor- und Overather Straße geparkt werden.

Beste Zeit: Zum Schlechte-Laune-Vertreiben ganzjährig, zum Rodeln bei Schnee, fürs Freibad Mai–September, für die Pilze August/September–November.

Dauer & Strecke: 3 Std. für 10,1 km, 240 Höhenmeter; mit Picknick, Einkehren, Rodeln oder Schwimmen beliebig länger.

Ausrüstung: Feste Schuhe, warme, wetterfeste Kleidung, evtl. ein Picknick, ggf. Schwimmsachen, einen Schlitten oder Messer und Korb für die Pilze.

Einmal im Jahr wird in der Westernstadt Trappertown ein großes Fest gefeiert und zu Countrymusik getanzt.

schen bergischen Fachwerkhäusern mit den typischen grünen Fensterläden liegt Trappertown. Ein Plakat fordert auf, diese andere Welt zu besuchen, die Welt der Fallensteller, Pelztierjäger, Tipibewohnwer. Für Nicht-Cowboys nur zu den Festen zugänglich. Die Bergleute aus Kaltenbroich arbeiteten früher in den Gruben der Hardt, dem Waldgebiet bei Bensberg. Ein Relikt dieser Zeit ist das ehemalige Steigerhaus der Grube Blücher, 1960 zum Naturfreundehaus Hardt umgewidmet und unzähligen Familien bekannt, die zum Rodeln, Picknicken, Einkehren, Übernachten kommen (www.haushardt.de). Kuchen und Stullen lohnen. Links vom Haus gibt's eine Bank fürs Picknick. Rauf zur Hütte ist es dann ganz schön steil ... Dies ist Teil der Rodelstrecke, wenn es dann mal schneit.

So gestärkt, geht's jetzt noch einmal ordentlich auf und ab. Das Ende des Schlosswegs markiert die Bürgerburg. Dieses im Volksmund auch Affenfelsen genannte Brutalisme-Bauwerk des Architekten Gottfried Böhm beherbergt u. a. das Rathaus und ist stilistischer Kontrapunkt zum Bensberger Schloss. Es beweist übrigens, dass Steingrau durchaus nicht langweilig sein muss.

FAZIT: DIE TOUR IST EIN ALLESKÖNNER UND EIN LICHTBLICK IM WINTER. IM SOMMER LOCKT DAS FREIBAD IM MILCHBORNTAL, IM HERBST GEHT'S IN DIE PILZE!

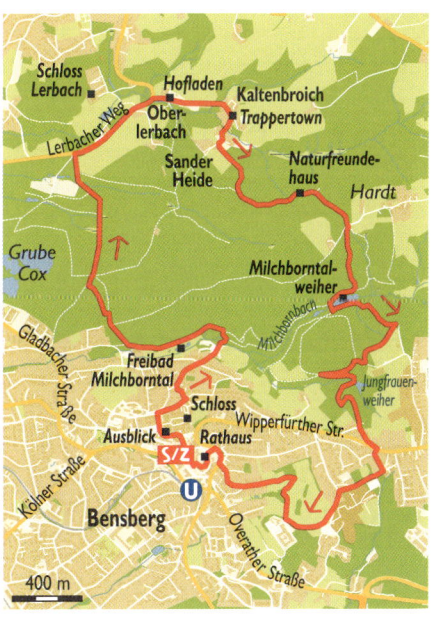

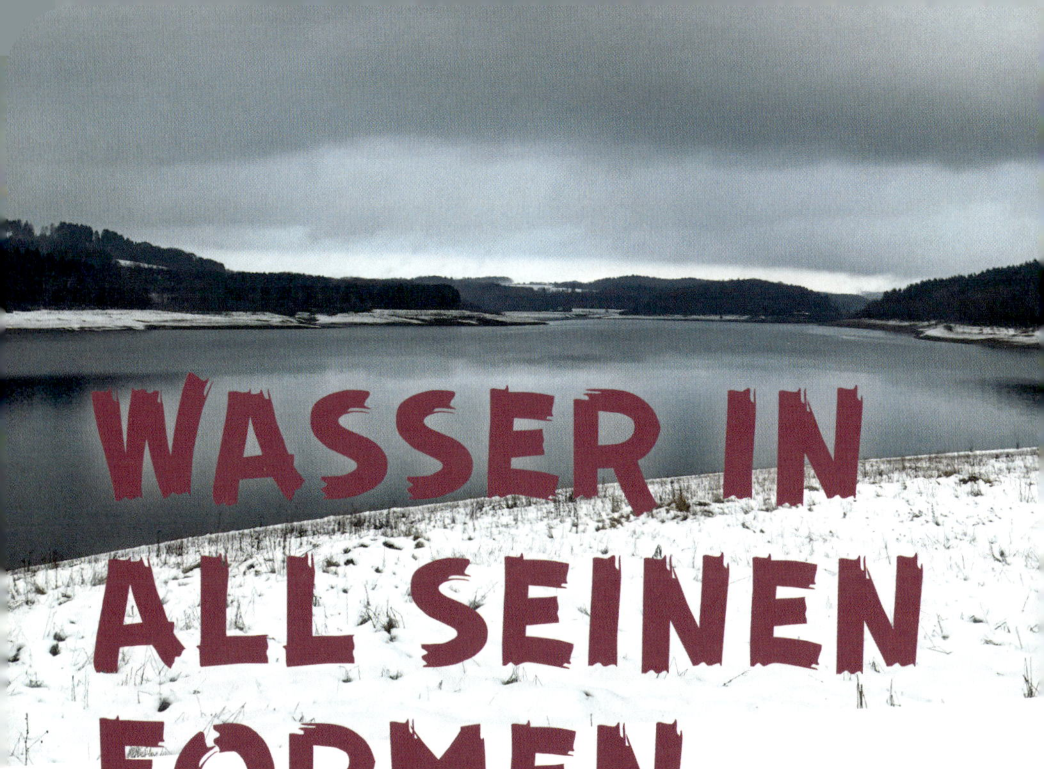

WASSER IN ALL SEINEN FORMEN

... die Dhünntalsperre bei Kürten

#20

Die zweitgrößte Trinkwassertalsperre Deutschlands ist zu einem beträchtlichen Teil ein Naturschutzgebiet. Also eine Jahreszeit aussuchen, in welcher man gar nicht erst in Versuchung kommt, ins Blau zu springen und das Wasser in all seinen Formen einfach bewundern kann. Entspannung pur bei einer einsamen Tour.

#Physikunterricht #Kristallenfolgen #dieKraftdesWassers

Im Schnee versteckt: Auf dem Wanderweg informieren Tafeln über die besondere Geschichte der Talsperre und was unter ihr verschwunden ist.

→ ABSTECHER ...

Kotzberg ... wie dieser Ort zu seinem Namen gekommen ist, will wahrscheinlich lieber niemand wissen. Ist auch egal, denn er verschwindet unter einer dicken Schneeschicht und der Horizont läuft einfach weiter ins Endlose. Zahlreiche kleine Wanderwege schlängeln sich zur Dhünntalsperre, die viele Gemeinden des Bergischen Landes mit Süßwasser versorgt und doch noch gar nicht so lange hier liegt. Erst Ende des 20. Jahrhunderts fluteten die Wassermassen ganze Dörfer, geplant, selbstverständlich. Auf Infotafeln kann man sich über die spannende Geschichte informieren. An die Orte und ihre Geschichte wird auf diesem Wege erinnert, beispielsweise an das einst allseits beliebte Café Kuhstall.

»Was vergangen, kehrt nicht wieder: aber ging es leuchtend nieder, leuchtet's lange noch zurück«: 1973 feierten die Bewohnerinnen und Bewohner einen alles bedeutenden Abschied unter diesem Motto. Sicher ist es niemandem leichtgefallen, sein Hab und Gut zu verlassen. Doch die Erinnerungen nahmen sie mit und die Menschen wurden umgesiedelt, bis im Jahr 1987 dann der Vollstau der neuen Großen Dhünntalsperre erreicht wurde. Auch heute durchquert man auf dem Weg von Kotz-

Hin & weg: Bushaltestelle Eisenkaul in Kürten. Parken ist am Straßenrand möglich.

Beste Zeit: Ganzjährig (Achtung – kein Schwimmen erlaubt).

Dauer & Strecke: 2,5 Std. für 11 km.

Ausrüstung: Warmer Tee und festes Schuhwerk.

berg aus kleine Dörfer. Darunter Dellen, das idyllisch inmitten einer Wald- und Heidelandschaft ganz nah am See im Schnee schläft.

Das Dhünntal hat als Erholungsziel übrigens eine lange Tradition. Schon früh entdeckten gestresste Menschen die entspannende Wirkung des schönen Tales. Besonders das Camping war und ist eine beliebte Tätigkeit.

Der Weg nach Dellen führt nun direkt am Wasser entlang und die filigranen Bäume spiegeln sich am Ufer. Ganz ruhig ist es, der Schnee schluckt auch das letzte weit entfernte Verkehrsrauschen. Wie wäre es mit einer kleinen Spurensuche? Hier kamen bestimmt viele große und kleine Wald- und Seebewohner vorbei. Durch den teils strengen Naturschutz (viele Gebiete im Dhünntal sind oder waren zeitweise oder dauerhaft nicht zugänglich) hat

Rund um die Dhünntalsperre gibt es viel zu erkunden! Das Café Kuhstall ist zwar dem Wasser gewichen, doch die Erinnerung leuchtet weiter. Ganz so, wie es die Bewohner damals besungen haben.

sich eine einzigartige Flora und Fauna gebildet. Daher ist auch auf den öffentlichen Wegen ein gewisser Respekt vor der Natur und das Einhalten von Ruhe angebracht. Letztere nimmt man dann einfach mit nach Hause und spürt ihr innerlich noch lange nach.

FAZIT: FEST, FLÜSSIG, GASFÖRMIG — DIE AGGREGATZUSTÄNDE DES WASSERS BESSER DIREKT ERLEBEN, STATT NUR IM PHYSIK-UNTERRICHT AUSWENDIG LERNEN.

2. KAPITEL
AUSFLÜGE

FÜLLE IN
HÜLLE

#40

#25 #37 #36
#28
#26

#38
#22
#33

#21
#27

#31

#29

DER BERGISCHE
STIEFEL

#30
#35

#23

#39 #32

GIPFEL-
STÜRMEN

#34

#24

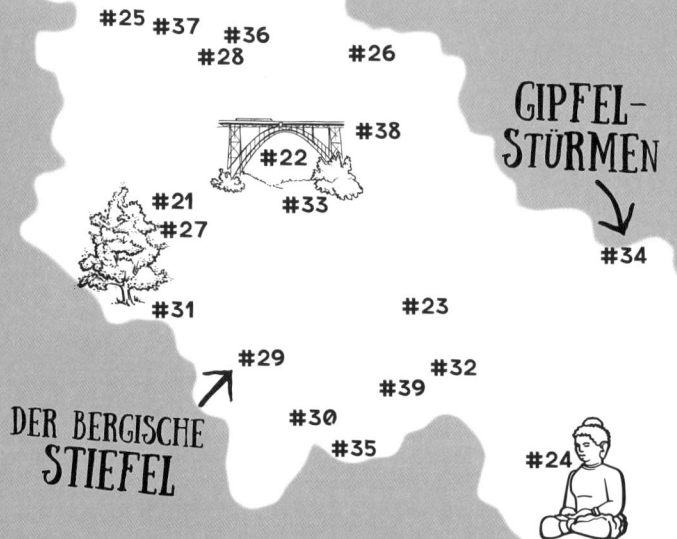

Raus für einen Tag

Auf des Müllers Spuren radeln, Bäume an der Neyetalsperre umarmen und stressfrei den höchsten Berg der Region erklimmen – spannende Eskapaden für einen Tag liegen nah!

12 H

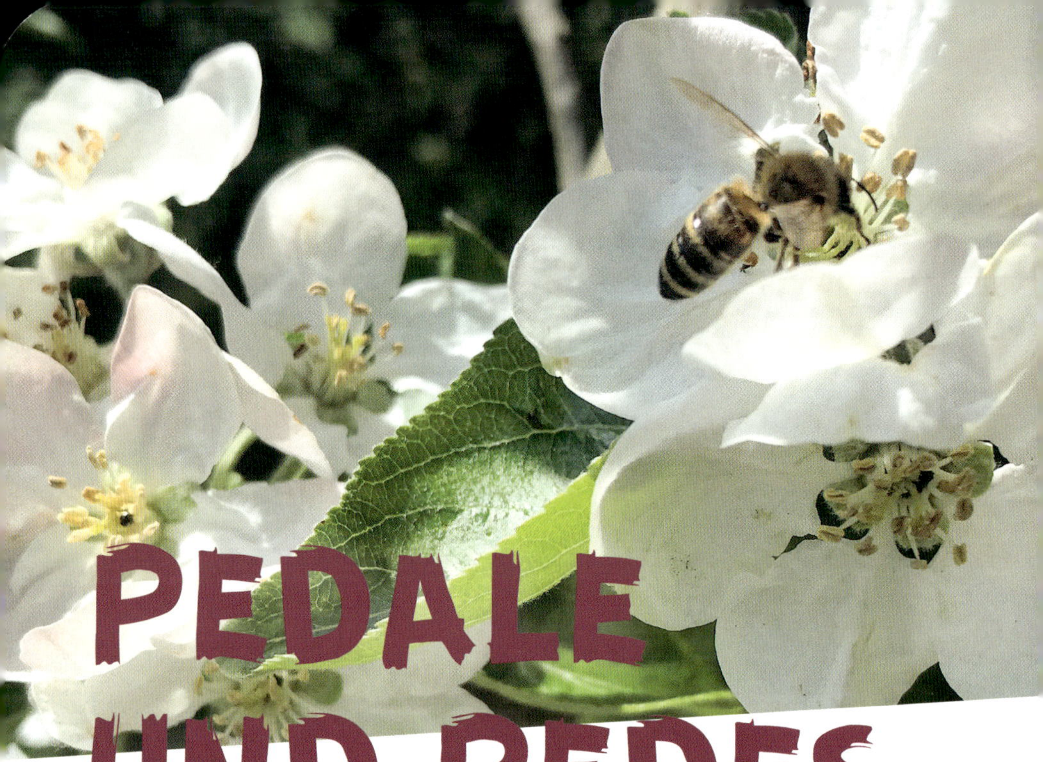

PEDALE UND PEDES

... auf den Leichlinger Obstwegen

#21

Erst den Kaffee laufen lassen und dann geht's los! Radfahren und Wandern kombinieren und zwar so, dass es sich lohnt. Also Strecke machen und Schönheiten im Flaniertempo am Wegesrand entdecken. Die Blütenstadt Leichlingen verführt dazu in der Obstblütenzeit.

#derfrüheVogel #EinHeldenleben #2auf1Streich #Äpfel&Birnen #echteBioBiker

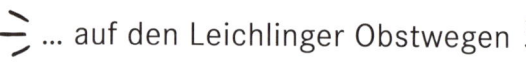

Blütenschmaus am Blütensonntag in der Blütenstadt: Honigbienen fliegen einfach auf die süßen Apfelblüten (links).

Treffpunkt Bahnhof Leichlingen. Mit dem Rad. Vorher noch ein leichtes Frühstück, denn die Tour hat es in sich. Das heißt: im Frühtau auf ins Bergische!

Besser mit dem »Bio«-Bike oder lieber am Bahnhof ein E-Bike leihen (www.nextbike.de/ de/bergisches-ebike/)? Sicher spielen Grundkondition und die Strecke eine entscheidende Rolle. Mit dem Blick auf insgesamt mehr

als 500 Meter auf und ab ist das E-Bike die komfortablere Lösung. Gelassenes Losradeln gelingt jedoch gleich zu Anfang wunderbar. Vom Bahnhof geht es kurz durch das entzückende Städtchen zum Wupperradweg. Ebene Strecke, genau richtig zum Warmfahren, die Wupper zur Seite mal wild, mal einladend sanft, am idyllischen Wipperkotten (www.wipperkotten.de) vorbei bis zur Gaststätte Rüdenstein. Hier Kraft zu sammeln ist keine schlechte Idee, denn kurz darauf folgt die steilste Teilstrecke: Auf der L427 nach Witzhelden! Kein Witz, dieses Stück der Wupperhöhen verlangt heldenhaften Einsatz, der mit der großartigen Aussicht zum Einstieg in den Witzheldener Obstweg reichlich belohnt wird. Der Wanderweg verläuft fast durchgängig auf befahrbarer Strecke. Besonders nett sind hier

Die Strecken zwischen den Obstwegen haben es in sich – sportlich herausfordernd und landschaftlich einfach hinreißend.

die Saft-Straußenwirtschaften. Köstlich, die Erträge der gerade in Blüte stehenden Bäume zu probieren. Übrigens: Witzhelden bedeutet laut Wikipedia eigentlich Waldsiedlung, also gar nicht so lustig.

Noch etwas: Es ist clever, die Tour nicht an einem Wochenende zur Obstblütenzeit zu fahren, denn es ist kein Geheimtipp, dass die ausgewiesenen Wege gerade dann besonders bezaubernd sind. Der letzte Freitag im April, internationaler Tag der Streuobstwiese (www.rheinische-kulturlandschaft.de), gibt Orientierung, wann die Blüte sicher stattfindet, und erleichtert die Planung.

Von Witzhelden geht es durchs Weltersbachtal an Auen und Bibelgarten vorbei zurück nach Leichlingen. Nach rund 30 Kilometern vom Rad zu steigen entspannt, den gut beschilderten Leichlinger Obstweg zu wandern entschleunigt. Angenehm ausgepowert wechselt das Tempo auch in der Betrachtung und den Gedanken. Endlich fokussiert die mal zarten, mal kräftig leuchtenden Blüten anschauen, die den Geschmack von frischen Äpfeln förmlich auf die Zunge zaubern. Und wenn dann noch die dazu nötige Biene heransummt, kommt glückseliges Gefühl nicht nur im Bauch auf. Naheindrücke sammeln. Mit dem Rad geht's am Ende wieder zurück an die Wupper zur Einkehr in der Haasenmühle (www.haasenmuehle.de). Seliger Schlaf ist später garantiert, wohlverdient!

Hin & weg: Zum Bahnhof Leichlingen mit der RB48 von Köln oder Wuppertal, von Düsseldorf mit der S8 bis Haan-Gruiten und dort in die RB48 umsteigen. Parkmöglichkeiten am Bahnhof.

Beste Zeit: April–Mai, kurz vor oder nach der Apfelblüte. Wegen Anstiegen und offenen Strecken auch gut bei bedecktem Wetter. Teilstrecken und Abkürzungen nach Selbsteinschätzung möglich.

Dauer & Strecke: 5 Std., 38,6 km, davon rund 32 km mit dem Rad und 6 km zu Fuß. Mit Zwischenstopps und Einkehr entsprechend länger.

Ausrüstung: Zwiebellook, Radtasche und/oder Rucksack, festes Schuhwerk, Snack, Getränk, Regencape, Fahrradschloss.

FAZIT: HERAUSFORDERNDE RADTOUR MIT LOHNENDER WANDERUNG ZUM ABSCHLUSS. BEIDE ZUSAMMEN VERWÖHNEN MIT KÖSTLICHKEITEN FÜR ALLE SINNE.

TOPLESS DURCHS BERGISCHE

≥ ... ab Schloss Burg in Solingen ≤

#22

Kurvige Straßen, bergige Strecken und schöne Aussichten lassen das Herz von Cabrio-Liebhabern höherschlagen. Freiheit, Ungebundenheit, Abenteuerlust und Neugier sind die verführerischen Reize beim Spazierenfahren in a car without a roof! Yes, happiness is the truth!

#EasyRider #Motorkutsche #CabriOlé #Ritterburg #überdenDächernvonNizza

Ohne Verdeck über die Landstraße düsen, Fahrtwind spüren und die Panoramasicht genießen, Cabrio-Feeling pur!

Für eine beglückende Cabrio-Tour ins Bergi-sche liegt die Qual einzig in der Streckenwahl. Überall locken kurvenreiche Strecken und malerische Dörfer. Also einfach der Intuition folgen, nur: wo starten? Warum nicht gleich in der Wiege des Bergischen Landes? Nein, nicht im Neandertal, sondern in Solingen, am Schloss Burg, das im Mittelalter die Grafen von Berg beheimatete, die dem Land ihren Namen gaben: Das Bergische Land (www.bergisches-land.de). Die Grafschaft von Berg, später Herzogtum Jülich-Kleve-Berg mit Resi-denz in Düsseldorf, erstreckt sich wesentlich weiter als der heute so beliebte mittelgebirgi-ge Naturpark Bergisches Land. Und: Im Cab-rio wird die Verwechslung von bergisch mit bergig gerechtfertigt. Immerhin auf beachtli-che 3200 Meter summieren sich die *ups and downs* auf dieser Strecke. Ach, da kommt Freude auf, eine Cabrio-Tour in die Berge!

Sobald sich das Cabrio-Dach mit sanftem Surren aufschiebt, lösen sich an der frischen Luft Vorbehalte und Sorgen in Nichts auf. Der Glücksbotenspiegel steigt mit jedem Me-ter. Ein kurzer Halt am Schloss Burg (www.

schlossburg.de) und dann geht's weiter Richtung Habenichts nach Scheideweg. Die Ortschaft hält, was ihr Name verspricht, und lenkt auf die faszinierende Strecke Richtung Purd. Ausblicke, Kurven, Waldstücke, Wechsel von Sonne und Schatten, dann das so idyllische Örtchen. Hier ein Zwischenstopp, ein bisschen schlendern oder gar den Wan-

Hin & weg: Mit dem Cabrio nach Schloss Burg, Solingen, dort beginnt die Rundstrecke.
Tipp: Ausgewiesene Themenrouten finden sich unter www.dasbergische.de

Beste Zeit: März–Oktober an Tagen ohne Regen, besonders schön im Frühjahr mit der frischen Palette an Grüntönen.

Dauer & Strecke: Reine Fahrtstrecke 2 Std. für 124 km, mit Ampeln, Zwischenstopps und Einkehr mindestens 5 Std. Bei der Planung Anfahrtszeit nach Schloss Burg nicht vergessen!

Ausrüstung: Sonnenbrille, sprich Augenschutz, und Sonnencreme sind Pflicht. Ob Flieger- oder Baseball-Kappe, dünnes Tuch oder dicke Mütze, Kopfbedeckung macht bei allen Wetterlagen Sinn.

Die Dhünntalsperre ist Deutschlands zweitgrößte Trinkwassertalsperre. Das Naturschutzgebiet rund um die Talsperre ist von unzähligen schönen Wanderwegen umgeben.

derweg ins Dhünntal einschlagen, wieder ganz nah dran an Frühlingsdüften und Vogelgezwitscher. Weiter geht die beschauliche Spazierfahrt: Motorschnurren und Lieblingssongs als Begleitmusik, also mitsingen: »Clap along if you feel like happiness is the truth!« Einfach großartig! Apropos: Freundliches und vorsichtiges Fahren zählt selbstverständlich zur Cabriofahrenden-Ehre, denn auch Motorrad- und Fahrradfahrende lieben diese Strecken, die oft schmal und unübersichtlich sind. Nächster Halt: Schloss Georghausen. Das Wasserschloss aus dem 14. Jahrhundert gibt heute einem Golfclub das besondere Flair. Wer Glück hat, ergattert einen Tisch im Café und genießt, was die Karte an Köstlichkeiten bietet. Wieder on the road verlockt ein Abstecher zur Dhünntalsperre, um zumindest den Ausblick zu genießen! Unglaublich

schnell verfliegt die Zeit auf der lustvollen Flanierfahrt mit offenem Verdeck. Dann ist es der Hunger, der bei so viel Frischluft den nächsten Stopp diktiert. Das Restaurant zur Kutsche (www.restaurantzurkutsche.de) in Balken liegt einladend am Wegesrand, zünftige Speisen gibt's auch draußen! Der Rückweg durch Unterburg führt am Sessellift vorbei, der Radler und Wanderer von der Wupper hoch zum Schloss bringt. Schöner könnte ein Abschluss hier im Biergarten kaum sein. Viva la vida!

FAZIT: HERRLICHE FLANIERFAHRT MIT DEM CABRIO DURCH EINS DER HERZSTÜCKE DES BERGISCHEN LANDES MIT VIELEN SCHÖNHEITEN AM WEGESRAND.

WANDER-LUST UND DICHTER-LIEBE

 ... ab Frielingsdorf durch Lindlar

#23

»Es ist Unsinn«, sagt der Verstand! Ständig auf und ab und dann auch noch im Kreis laufen! »Es ist, was es ist«, sagt die Wanderliebe und begibt sich lustvoll auf den Weg. Verheißend locken Zwergenloch, die Ruinen Neuenburg und Eibach sowie Schloss Gimborn auf einen sagenumwobenen Weg.

#Frodo #Fröscheküssen #Schneewittchen&dieZwergevomNeuenberg

Einen Versuch ist es wert: Leckereien und Blumen am Eingang zum Zwergenloch ablegen und hoffen, dass die ehemaligen Bewohner zurückkehren.

Naturliebe nährt Wanderlust und -laune, historische Gemäuer nähren Fantasie und Dichtergabe. Beide fügen sich fabelhaft auf dem Rundweg ab Frielingsdorf zusammen, der in großen Abschnitten dem Sagenweg Lindlar folgt. Der Spannung halber geht es zuerst in Richtung Zwergenloch. In der breiten, tiefen und sehr flachen Kalksteinhöhle am Neuenberg sollen Zwerge gehaust haben. Verschiedene Sagen kursieren, nur das Ende ist gleich: Die hilfsbereiten Kleinen verschwanden. Vielleicht hat sie ein Riese verscheucht?

Oder sind sie in die direkt oberhalb liegende Burg Neuenberg gezogen? An der Ruine angelangt, fällt der mächtige Wehrgraben auf. Graf Wilhelm II. soll hier von seinem Sohn Adolf eingekerkert im Jahr 1408 verstorben sein. Seitdem spukt er des Nachts auf dem Berg, um den Schatz in der Burgruine zu schützen. Fleißige Zwerge und gruselige Familiengeschichten regen die Fantasie an und es macht einen Riesenspaß, Sagen selbst weiterzudichten und so, ganz nebenbei, vom nächsten Anstieg abzulenken.

Der Dichterlust kommen selbst die von Stürmen und Borkenkäferbefall unübersehbar kahlen, entasteten und flächenweise abgeholzten Fichtenwaldbestände entgegen. Gespenstisch und faszinierend zugleich, denn die Natur erobert Totholz und freie Flächen mit vielfältigen Arten der Tier- und Pflanzenwelt erstaunlich bunt zurück. Die futuristisch anmutenden Szenerien bereichern die imaginäre Welt von Zwergen und Rittern bis hin zu Zauberern und Elben ungemein, und im Nu wird ein neuer Schauplatz für Tolkiens Mittelerdebewohner entdeckt.

Szenenwechsel am geschichtsträchtigen Schloss Gimborn (www.ibz-gimborn.de), das mit Merkmalen verschiedenster Stilepochen gewiss zu den schönsten Schlössern des Bergischen zählt. Schade, dass nicht das Schloss selbst frei zugänglich ist, sieht es doch nach idealer Kulisse für Fürstenhaus-Romanzen aus. Aber die Gedanken sind frei und eine rührende Geschichte schnell auf der nah gelegenen Terrasse des Schlosshotels geschmiedet. Gestärkt geht es weiter.

Hin & weg: RB25 bis Engelskirchen, dann mit Anruf-Sammel-Taxi (Tel. 0 22 61 / 91 12 71) weiter zum Busbahnhof Frielingsdorf. Mit dem Auto: Wanderparkplatz, Carl-Hasselbeck-Str., Frielingsdorf.

Dauer & Strecke: 4 Std., 14,5 km, mit Einkehr und Dichterpausen entsprechend länger (weitere Informationen zum Sagenweg gibt's unter www. lindlar-touristik.de).

Beste Zeit: Nicht bei Starkregen oder Sturm, ansonsten ganzjährig je nach Inspiration.

Ausrüstung: Regencape oder Schirm passt in den kleinsten Rucksack, auch im Sommer! Notizblock oder Diktiergerät-App für Geschichten und Haikus.

Die Location für Prinzessinen und Prinzen!! Im Alltag ist Schloss Gimborn eine internationale Fortbildungsstätte, an Wochenenden steht es für Standesamtliche und Freie Trauungen zur Verfügung.

Passgenau in die sagenhafte Landschaft fügen sich die zotteligen schottischen Hochlandrinder ein. Die urtümlich wirkenden Tiere strahlen eigentümliche Ruhe und Freundlichkeit aus. Nur die großen, gebogenen Hörner halten unmissverständlich von einem Kuschelversuch ab.

Zum stillen Betrachten lädt danach die verwunschene Ruine der ehemaligen Wasserburg Eibach ein. Hier die Eingebung: Ein Haiku dichten, jetzt (www.haiku-heute.de)! Also hinsetzen, Sinnesorgane scharfstellen und los geht's:

Regentropfen fällt
auf den moosbedeckten Stein.
Prinzessin kehrt heim.

Regencape an und auf der nächsten Wanderung weiterdichten!

FAZIT: WANDERFREUDE AUF INSPIRIERENDEM RUNDWEG FÜR KÖRPER, GEIST UND SEELE. SAGENHAFTE ANREGUNGEN INKLUSIVE.

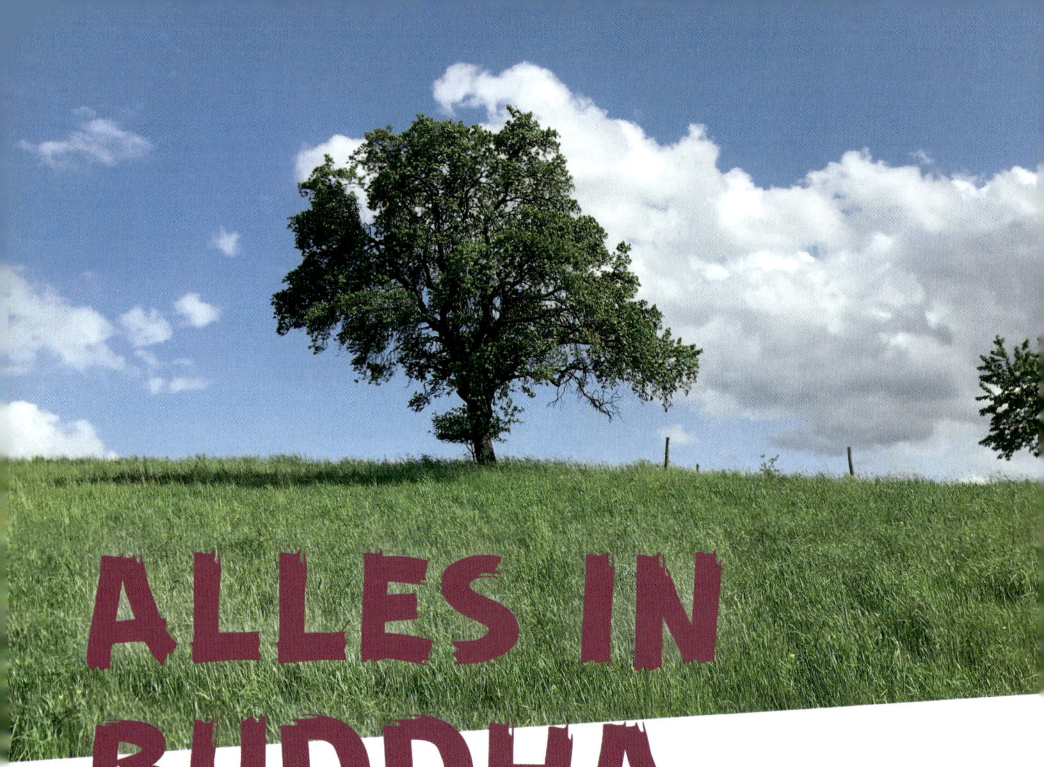

ALLES IN BUDDHA

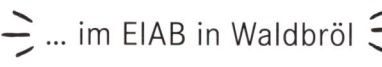

… im EIAB in Waldbröl

#24

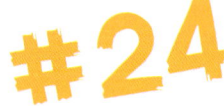

Frieden in mir – Frieden in der Welt. So die Inschrift auf dem Torbogen, der in den Buddhagarten führt, ein Herzstück des Europäischen Instituts für Angewandten Buddhismus (EIAB) in Waldbröl. Erstaunlich leicht wird das erfahrbar. Lächeln und Atmen sind der Clou dazu.

#peace&love #Schweigemarsch #GlücklichseinistderWeg #SchweigenistGold

»Die Buddha-Natur ist – vor allem anderen – Achtsamkeit.«
– Thich Nhat Hanh

Leiden, Heilen, Transformation. So könnte auch die Geschichte des Gebäudes umschrieben werden, in dem seit 2010 das EIAB zu Hause ist. Beeindruckend, wie es den friedlichen Buddhisten gelungen ist, das 12 000 Quadratmeter große Brachialgebäude nach und nach in einen Ort der Einkehr, ins Ashoka Institut, zu verwandeln. Die äußere Form verweist noch auf die ehemalige Heil- und Pflegeanstalt, die während der NS-Zeit zu einem Kraft-durch-Freude-Hotel werden sollte, aber die Stimmung hat sich komplett geändert. Mit viel versöhnlicher Kraft und kontinuierlichem Umgestalten von Innenräumen und Außenanlagen haben die neuen Bewohner dem Ort eine spürbar sanfte und friedliche

Beste Umgebung zum Lernen: »Du kannst Gehmeditation bei jeder anderen Gelegenheit üben, auch zwischen Geschäftsterminen oder wenn du vom Auto in den Supermarkt gehst. Lass dir Zeit beim Gehen!« (Thich Nhat Hanh)

Atmosphäre gegeben, die sie offen mit allen Besuchern teilen. Erfahren lässt sich das hervorragend jeden Sonntagmorgen. Dann sind alle Interessierten zum Achtsamkeitstag im EIAB eingeladen, der mit einem Vortrag startet. Später am Vormittag steht die Gehmeditation durch die bezaubernden Anlagen auf dem Programm. Der Treffpunkt ist vor der Anmeldung des Klosters des großen Mitgefühls. Freundlich zugewandte Nonnen begrüßen die Gäste aller Altersstufen und laden zunächst zum Singen ein. Immer dabei: Verse des 2022 verstorbenen vietnamesischen Zen-Meisters, Poeten, Friedensaktivisten und spirituellen Leiters des Instituts, Thich Nhat Hanh.

Das Lied, das mit »ich atme ein, ich atme aus« beginnt und mit »ich bin frei, ich bin frei, ich bin frei« endet, setzt sich als Ohrwurm während der Gehmeditation fest. Schweigend geht es durch den Buddha-Garten zum Stupa, dem Glockenturm der Einschließlichkeit, danach weiter entlang des mächtigen Gebäudes

Hin & weg: RE9 bis Schladern (Sieg), Bus 342 bis Waldbröl Busbahnhof oder ab Köln mit der S12 bis Hennef (Sieg), Bus 530 bis Waldbröl Kreissparkasse. Mit dem Auto zum Parkplatz am EIAB.

Beste Zeit: Frühling, Zeit des Erwachens. Je nach Gemütswetterlage ganzjährig eine gute Anlaufstelle, um die innere Sonne aufzutanken, mehr Infos unter www.eiab.eu

Dauer & Strecke: 3,5 Std., davon 1 Std. für die Gehmeditation, 2,5 Std. für die kurze Wanderung von 7,7 km. Weitere Programmpunkte des Achtsamkeitstags und Pausen für Betrachtung, Präsentsein und Meditation bei der Wanderung dazurechnen.

Ausrüstung: Offenheit, Achtsamkeit, Lächeln.

Über 70 Jahre waren die Säulenteile des Stupa im Keller eingelagert. Sie sollten Teil des KdF-Hotels sein. Jetzt sind sie Symbol für Transformation und Erinnerung.

zu den Obstwiesen, an den drei friedlichen, steinernen Buddha-Figuren vorbei. Im Schweigen schärfen sich automatisch die Sinne: Die Augen werden wach für die schön angelegten, gepflegten Gartenflächen, die wilden Ecken, den prächtigen Gemüsegarten. Der Hörsinn ist geschärft. Das Summen und Brummen der Bienen und Insekten in den Rhododendren und Obstbäumen wird zur fröhlichen Begleitmusik. Die Schritte leise, sanft auf dem Rasen, jeder einzelne deutlich erspürt. Die frische Luft streichelt zart die Gesichtshaut glatt. Einatmen, ausatmen, wiederholen. Friedvolle Stimmung. Zwischendurch ein Glockenschlag. Stehen bleiben. Innehalten. Achtsam werden, weitergehen.

Zurück an der Anmeldung, sind alle Besucher eingeladen, am formal lunch teilzunehmen. Die vegetarischen Köstlichkeiten duften verlockend, aber die Erfahrung der Gehmeditation will fortgesetzt werden. So zieht es zurück durch den Obstgarten in Richtung Wald und Wiesen mit weiten Blicken ins offene Land. Friedlich und gleichzeitig beflügelt geht es in die vollkommen anmutende Natur. Innerlich jubelt es: Ich bin frei, ich bin frei, ich bin frei!

FAZIT: SONNTÄGLICHES GESCHENK BUDDHAS. FRIEDEN, SANFTMUT UND FREUNDLICHKEIT BEGEGNEN, ERFAHREN, ANNEHMEN UND WEITERGEBEN. KOSTBAR.

EINE ZEITREISE

 ... im Neandertal

 **#25**

40 000 Jahre – so alt sind die Knochen des Neandertalers, der als der engste Verwandte des modernen Menschen gilt. Fundstücke ganz anderer Art gibt's um die Ecke vom Neanderthalmuseum: auf dem Kunstweg, in Eiszeitgehege und Oldtimerpark. Eine Spurensuche im waldreichen Tal der Düssel.

#Waldwildnis #OldiesbutGoldies #Jäger&Sammler #MenschenSpuren #LostPlace

Dank Photoshop möglich: Der Neandertaler im schmucken Gewand. Wie ihm das wohl gefallen hätte?

AUSFLÜGE

Die Fundstelle der 16 Knochen und Knöchelchen des Frühmenschen, die hier vor gut 160 Jahren gefunden wurden, durchläuft gerade eine Metamorphose: Wo einst die Feldhofer Grotte lag, entsteht bis Ende 2022 der Turm Höhlenblick. 22 Meter hoch wird er dann sein, barrierefrei und einzigartig, wie es bei Baubeginn hieß. Einzigartig ist auch die riesige Schädel-Kalotte, die ihn krönen und ein Höhlengefühl erzeugen soll. Ob sie schön werden wird, sei allerdings dahingestellt ... Was wohl der Neandertaler zu diesem Turmbau gesagt hätte? Eine Statue des Urmenschen steht wenige Hundert Meter entfernt vom gleichnamigen Museum (www. neanderthal.de). Ihr Blick verrät: nichts. Vor 30 000 Jahren übrigens war plötzlich Schluss mit den Neandertalern. Warum? Das weiß keiner. Die Natur hat ihr Geheimnis bislang für sich behalten.

Wie eigenwillig sie sein kann, zeigt sich auch auf dem 1200 Meter langen Kunstweg MenschenSpuren. Zehn im Wald verteilte Skulpturen sind zu sehen – bzw. das, was noch von ihnen übrig ist, denn sie sind ganz den Launen der Natur ausgesetzt. So verwachsen Landschaft und Kunstwerk langsam miteinander und formen je nach Jahreszeit ein ganz anderes Bild.

Unterwegs hat sich der bzw. die eine vielleicht schon über seltsame Geräusche gewundert.

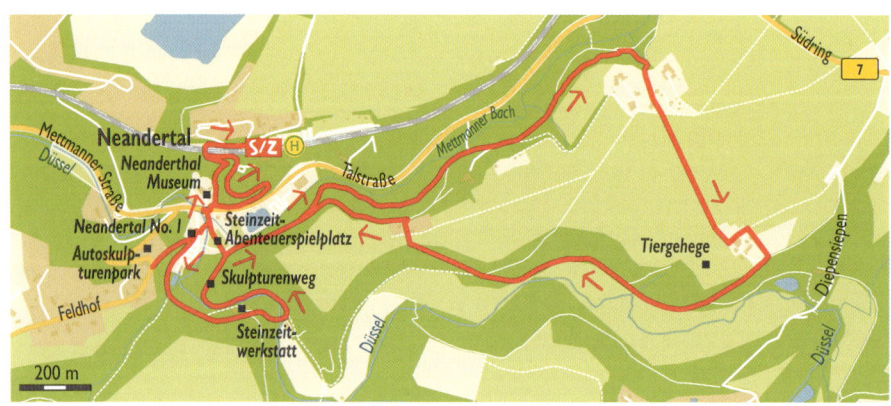

Ein Oldtimer ist ein vor mindestens 30 Jahren erstmals zugelassenes Auto. Darüber könnte der Neandertaler wohl nur müde lächeln, seine Gebeine sind mehr als 40 000 Jahre alt!

Denn im Eiszeitgehege (www.naturschutzverein-neandertal.de) grasen Wisente, Auerochsen und Tarpane, Wildpferde, nicht immer still und leise auf der Weide. Die Tiere lebten schon zu Zeiten des Neandertalers in den hiesigen Wäldern. Damals waren sie jedoch gänzlich ungeschützt dem hölzernen Speer des Frühmenschen ausgesetzt.

Szenenwechsel: Neugierde und ein Abstecher ans renaturierte Düssel-Ufer entführen in das charmante Ausflugslokal Neandertal No. 1. Gäste genießen nachhaltig Regionales, wo vor 150 Jahren noch die im Kalkabbau beschäftigten Arbeiter im Tante-Emma-Laden einkaufen gingen (www.neandertal1.com).

Noch Puste? Dann wartet eine Zeitreise ganz anderer Art. Am Hang von Michael Fröhlichs 20 000 Quadratmeter großem Waldgrundstück umfängt den Gast ein wahrer Märchenwald aus Flechten, Lianen, Efeu und Moos (www.michaelfroehlich.com/park.htm). Dazwischen liegen wie gestrandete Käfer Oldtimer, die er hier verrotten lässt. Wo anderswo der Lack gehegt und gepflegt, vor Regen geschützt und immer wieder liebevoll poliert wird, tut Fröhlich das Gegenteil. Rost ist willkommen. Wieso? Zu seinem 50. im Jahr 2000 schenkte er sich selbst 50 Oldtimer Baujahr 1950 und parkte sie spektakulär zwischen den Bäumen. Während das mächtige Blätterdach den Besucher vor der Sonne schützt, wurde die Natur den Oldies zum Bestatter – auch wenn Fröhlich arrangierend eingegriffen hat. Kunst oder Natur? Egal, letztlich holt sich die Natur alles zurück.

FAZIT: NATUR, KUNST, SPANNUNG, SPAZIEREN GEHEN ODER WANDERN, PICKNICKEN ODER EINKEHREN. NOCH WEITER AUF DIE PELLE RÜCKT MAN DEM NEANDERTALER ÜBRIGENS IM MUSEUM.

Hin & weg: Haltestelle der Buslinien 741 und 743: Neanderthal/Museum, kostenpflichtige Parkplätze am Museum.

Beste Zeit: Frühjahr–Herbst.

Dauer & Strecke: Wanderung (Kombi Skulpturenweg/Wildgehege) 2–2,5 Std. für ca. 7 km, mit Besuch von Museum und Autopark 5–6 Std., mit Picknick/Einkehr und weiteren Wanderungen länger (www.neanderland.de/wandern).

Ausrüstung: Feste Schuhe, gefüllter Picknickkorb, Fotoapparat (Fotografieren im Oldimer-Park kostet 20 Euro, Eintrittsgebühr ist Verhandlungssache).

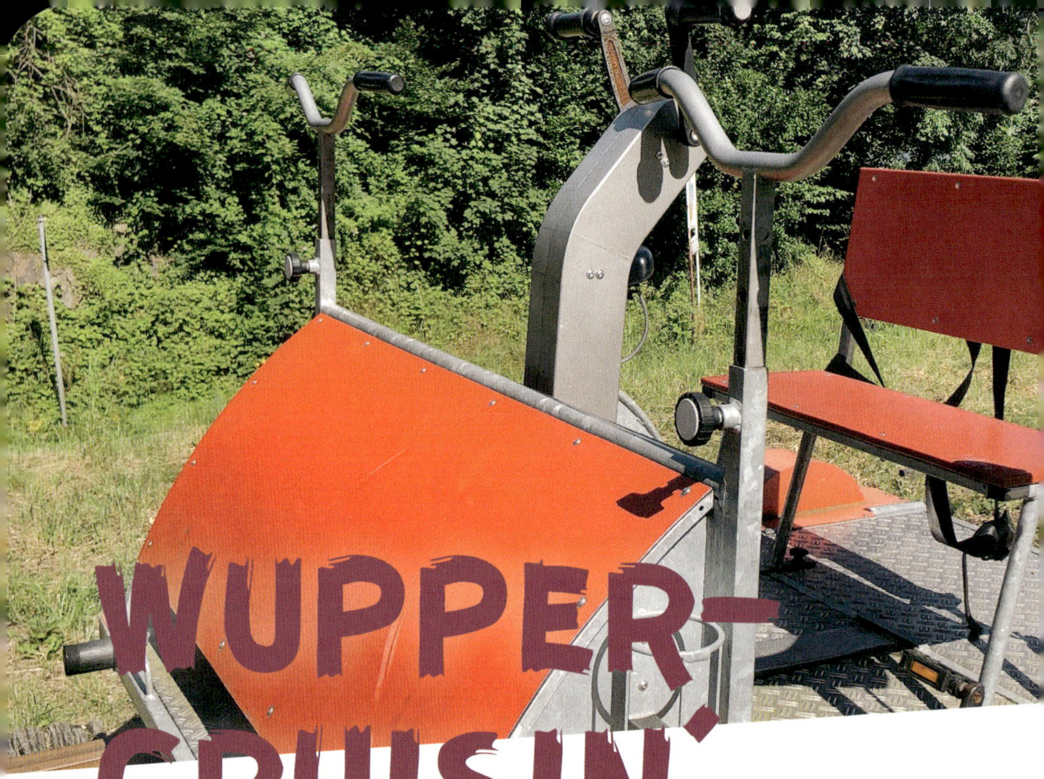

WUPPER-CRUISIN'

… rund um Beyenburg

#26

»Aus eigenem Antrieb« erhält bei dieser Tour eine ganz neue Bedeutung. Einen Chauffeur hat die Fahrrad-Draisine nicht, und nur wer selbst strampelt, kommt voran. Also: ordentlich in die Pedale treten – gute Laune ist garantiert.

#mitMuskelkraft #einfachdraußensein #aufdemGleisdurchsGrüne

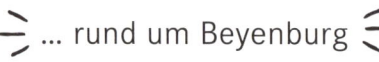

Noch wartet man auf Fördergelder, aber bald soll es auch barrierefreie Draisinen geben.

Bei dieser Tour geht's nur einmal über die Wupper, aber immer an ihr entlang. Den Weg kann man gar nicht verfehlen – die Gleise weisen ihn. Start ist in Wuppertal-Beyenburg an der Stauseebrücke. Mehr als ein schneller Blick auf das bezaubernde Ensemble aus Stausee, Kloster und Alt-Beyenburg ist erst einmal nicht drin. Die Draisine ruft! Pardon: unser Chef für heute, Fahrleiter Ulrich Kühn. Schon seit geraumer Zeit setzt er die Draisinen um und schiebt sie an die richtige Stelle. Ulkig sehen sie aus, etwas ungelenk, aber

sie werden schnell, »sehr schnell!«, wie Kühn erklärt (www.wuppertrail.com). Daher gibt's zuerst eine Einweisung; Treten und Bremsen will gelernt sein. Auch an die Lenker, die sich nicht bewegen, muss man sich gewöhnen. Noch schnell erklärt, wann angehalten wird – dazu schwenkt der Fahrleiter seine Fahne –, und los!

Vorsichtig erst, dann immer beherzter wird in die Pedale getreten. Gleich zu Beginn bietet sich rechts ein Traumblick auf den Fluss. Einst

Der Ortskern des mittelalterlichen Städtchens Beyenburg zählt zu den romantischsten Altstädten im Bergischen Land.

Brennesseln am Gleisrand stören manchmal ein wenig. Mehrmals lässt Ulrich Kühn halten – Flagge hoch, bremsen, nicht zu nah auffahren ist wichtig, wie Vordermann bzw. -frau schnell bemerkt. Locker- flockig gibt der Fahrleiter Infos zur Strecke. Das macht Laune.

Bei Dahlerau legt er den Besuch der alten Tuchfabrik Wülfing ans Herz, heute Textilmuseum (www.wuelfing-museum.de). Früher arbeiteten dort über 1000 Menschen und 120 Webmaschinen waren im Einsatz. Kurz vor der Endstation gerät auch ins Schwitzen, wen die warme Augustsonne bisher kalt gelassen hat: Ein steiler Anstieg noch, dann ist der Dahlhausener Bahnhof erreicht. 30 Minuten Pause. Ehrenamtler renovieren alte Loks und Waggons, es wird geschweißt, gehämmert und lackiert. Auf dem Rückweg wird's spannend: Es geht ordentlich bergab. Ulrich Kühn warnt, bloß frühzeitig zu bremsen. Ein bisschen mulmig ist allen – doch dann macht die Abfahrt

verband die Wuppertalbahn hier Wuppertal mit Radevormwald. Aktuell ist die Strecke von Beyenburg bis Dahlhausen befahrbar. Die meiste Zeit geht's unter einem dichten Blätterdach über mehr oder weniger grün zugewucherte Gleise. Hübsch eigentlich, nur die

richtig Spaß. Unterwegs wird noch ein Pulli aufgelesen, und viel zu schnell ist die Endstation erreicht.

Hin & weg: S7, S8, RE48, RE13, Buslinien 616, 626 ab Oberbarmen Bahnhof, 669 ab Remscheid-Lennep. Parksituation eher schwierig, Parkplatz am Schützenplatz (ca. 10 Min. zu Fuß) oder Wanderparkplatz Beyenburger Stausee (ca. 15 Gehmin.).

Beste Zeit: Ganzjährig. Im Winter Schlittschuhlaufen und Skifahren.

Dauer & Strecke: Draisinenfahrt 3 Std. (aktuell 8 km); mit Einkehr im Dorf (Eiscafé Cortina oder Im Kleinen Café mit Biergarten) länger; Wanderung um den Stausee und durchs Dorf ca. 1 Std. Wanderung beliebig verlängerbar, z. B. auf dem Beyenburger Traumpfad, 3,75 Std. für 13 km, 350 m rauf, 350 m runter.

Ausrüstung: Feste Schuhe, evtl. Proviant und eine Decke, im Herbst Messer und Korb fürs Pilzesammeln (Steinpilze!).

Der Beyenburger Stausee liegt ganz still zur Rechten; ein paar Schwäne komplettieren die Idylle. Über die Brücke, dann runter, und ein traumhafter Weg rund ums Wasser tut sich auf. Immer mit Blick auf Staumauer, Schieferhäuser, die sich den Hang hinauf staffeln, und den Beyenburger Dom, der eigentlich nur eine Klosterkirche, dafür aber ein spätbarockes Juwel ist. Er liegt am Jakobsweg, und einst war hier ganz schön was los. Bis heute können Pilger im Kloster übernachten (www.jakobs pilger.lwl.org). Wie schade, dass nicht auch erschöpfte Radler einkehren dürfen!

FAZIT: EIN PERFEKTER TAG! MIT VIEL SPAß, TOLLEN INFOS, EINKEHR ODER PICKNICK, ERKUNDUNG VON SEE UND ALT-BEYEN-BURG . UND AM ABEND FÄLLT DIE SONNE IN DEN STAUSEE. SCHÖÖÖÖN!

VON ALLEN SINNEN

 ≥ … im Murbachtal ≤

#27

Der SinnesWald bei Leichlingen ist ein ganz besonderer Ort: Wer einmal hier war, wird wiederkommen und jedes Mal eine völlig andere Umgebung vorfinden. Denn jedes Jahr ändert sich das Thema der Kunstausstellung, die sich auf einmalige Art und Weise in die Natur einfügt. Ein sinnliches Erlebnis.

#Wunderwald #Kunst&Weg #sinnlich

Eindrückliche Kunst im Murbachtal: »Kinderaugen – blicken neugierig in die Welt« von der GGS Herderstraße (oben), die »Wicze Braun+Wolfgang Brudes Figuren« von Rita Lü und Berthold Welter (S. 116 oben) und »Meine Würde« von Mechthild Hartmann-Schäfers (S. 116 unten).

Direkt beim Parkplatz, von der Bushaltestelle kommend auf der linken Seite, befindet sich ein Steinbruch. Dieser ist seit über 1000 Jahren von großer Bedeutung für das Murbachtal. Schon Burgen wie das nahegelegene Haus Vorst speiste er mit Material.

Neben der gewaltigen Felswand blitzt es bunt durch das Dickicht. Ein Holzhäuschen steht

Hin & weg: Bus 251 oder 253 zur Haltestelle Leichlingen Balken.

Beste Zeit: Der SinnesWald ist ganzjährig täglich vom Morgen bis zur Dämmerung geöffnet.

Dauer & Strecke: Mindestens 4 Std., 11,4 km.

Ausrüstung: Kamera, Wasser, festes Schuhwerk.

dort, wie ein Kunstwerk bemalt. Es markiert den Übergang und ist eine Versprechung für diese Tour – es wird kreativ. Wenig später erreicht man den ersten offiziellen Teil des SinnesWaldes, die Ausstellungswiese. Was im Laufe der Zeit wohl schon alles an die ausladende Kastanie gehängt wurde? Heute zum Beispiel kreiseln bunte »Augen Gottes« im Wind.

Jedes Jahr ändert sich die Szenerie, denn jedes Jahr wählen Wicze Braun und Wolfgang Brudes, Initiatoren und Besitzer des SinnesWaldes, ein neues Thema aus. Freude, Freiheit, Würde, Glück – Künstlerinnen und Künstler aus aller Welt reichen ihre Ideen dazu ein, wie sie die Motive im Wald umsetzen wollen. Schon seit 1993 setzen Braun und

Immer anders: Wer oder was wird beim nächsten Besuch wohl im Walde stehen? Hier jedenfalls grüßt »das Mufflon« von Dirk Balke.

Brudes auf dem Gelände verschiedene kulturelle Veranstaltungen um. Die Ausstellungen werden immer von einem spannenden Rahmenprogramm begleitet. Wer hierhin kommt, wird vor allem große Entdeckerlust verspüren. Kleine und große kreative Schätze gilt es zu finden. Der Blick kann also ruhig auch mal nach unten wandern.

Einige Sinneserlebnisse sind feste Instanzen im Wald. So thront dort ein kleiner König mit einer goldenen Krone und wacht auf ewig über einen steinernen Kreis. Auch die große Holzschaukel lädt jedes Jahr von Neuem ein, unter dem Blätterdach zu schaukeln und dabei in den Wald einzutauchen, als wäre es das erste Mal. Man könnte wirklich endlos verweilen, doch auch das schöne Murbachtal lockt mit einem ausgedehnten Waldspaziergang. Am Bach entlang ist es ruhig und idyllisch und im Örtchen Oberwietsche warten die typisch bergischen Fachwerkhäuser.

FAZIT: SCHMECKEN, RIECHEN, FÜHLEN, SEHEN, HÖREN UND VOR ALLEM ENTDECKEN.

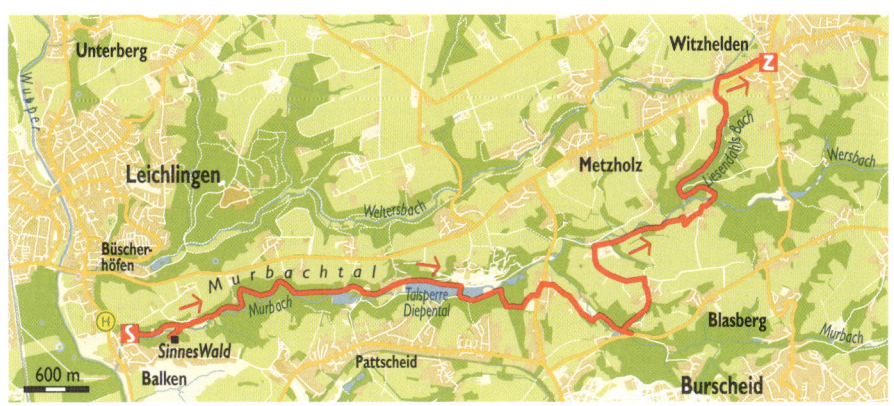

GELIEBTE WUPPER

> ⊰ ... auf der Wupper von Burgholz nach Müngsten ⊱

#28

Die Lebensader des Bergischen entspringt als Wipper in Börlinghausen und mündet als Wupper bei Leverkusen in den Rhein. Als schwarzer, bunter oder Stinkefluss war sie bis in die 1970er-Jahre verpönt, heute zeigt sie sich auf weiten Strecken naturnah. Reizvoll ist die Kontaktaufnahme mit dem Kanu.

#Regenbogenfluss #Kingfisher #Schwebebahnbegleiterin #MutterderTalsperren

Volle Fahrt voraus! Die Strömung bestimmt den Geschwindigkeitsrausch.

Wasser ist das prägende Element des Bergischen Landes, die Wupper ihr geschichtsträchtiger Zeitzeuge, der viele abenteuerliche Naturerlebnisse bietet. (www.wuppervielfalt.de). Bevor die Wupper mit dem Kanu erkundet wird, ist ein kurzer Fakten-Check vorteilhaft: In ihrem Quellgebiet fallen jährlich rund 1400 Liter Regen pro Quadratmeter, an ihrer Mündung nur die Hälfte. Mit einem Höhenunterschied von 397 Metern strömt die Wupper auf 116 Kilometern von ihren Quellen bis zur Mündung. Bei starkem Regen entlässt sie 180 000 Liter pro Sekunde in den Rhein. Gewaltige Wasserkraft! Und noch eine beeindruckende Zahl: 813 Quadratkilometer umfasst das Einzugsgebiet der Wupper, das vom Wupperverband (www.wupperverband.de) gemanagt wird. Er steht für nachhaltigen Umweltschutz und Hochwassermanagement.

Wichtiger für angehende Kanuten: Er begleitet Renaturierungsprojekte, informiert über Flora-Fauna-Habitat-Gebiete (FFH-Gebiet) und unterhält den Kanu-Service des FlussGebiets-GeoinformationsSystems – kurz: FluGGS. Streckensperrungen und Pegelstände gilt es hier zu

erfahren. Danach richtet sich, wo die Wupper befahrbar ist. Gut zu wissen, bevor es losgeht! Da das aber nur für FluGGs-Gelehrte problemlos ist, lohnt es sich Experten, anzuheuern, am besten gleich einen mehrfachen Kanu-Weltmeister (www.wupperkanutouren.de).

Die Tour: durchs FFH-Gebiet von Burgholz nach Müngsten. Zum Treffpunkt reist Thomas Becker mit seinem Team, Kanus, Sicherheitswesten und Paddeln an. Die Aufteilung der Ausrüstung ist schnell gewuppt. Dann wird das kleine Kanu-Einmaleins gelehrt: Wie werden die Paddel gehalten, wie wird gesteuert, wer sitzt wo und wieso? Das Wichtigste zum Schluss: das Wasser lesen! Untiefen, Steine, Totholz und Strudel wollen gesehen und gedeutet werden, naturverträgliches Fahren ist oberstes Gebot! So wird es spannend gleich

Die Strecke bietet wilde, unberührte Natur, Steilhänge, enge Durchfahrten und scharfe Kurven. Das lässt sich in Teamwork am besten meistern und erleben. Klar zum Wupper-Rafting!

vom Einstieg an unter den stets wachsamen Augen des Profiteams. Erstaunlich leicht eröffnet sich dann vom ersten Paddeleintauchen an das neue Erfahrungsfeld: Da vorne der Wirbel, das ist ein Fels, aufgepasst! Die Welle dort, treibendes Totholz, hier Liegendes, ein Laichplatz? Der Blick aufs Wasser offenbart ein neues Universum. Da ein Fisch, die Libelle dort, wo der Graureiher mitten auf dem Wasser steht, da muss ein Stein sein. In den kleinen Höhlen in der Uferwand Nistplätze von Eisvögeln. Hinreißend! Kurze Unterbrechung, anlegen zur Picknickpause an der Kohlfurt, ablegen und weiter Richtung Müngstener Brücke. Traumschön und wild die Landschaft und der Fluss! Viel zu schnell ist das Ziel erreicht, die Wupper hat es eilig. Die Lektüre des Wassers geht vom Ufer aus weiter. Im Fluss sein, einfach mal das Wasser lesen!

Hin & weg: Mit dem Auto zum Parkplatz Wuppertal Burgholz (Arboretum) an der L74 Fahrtrichtung Solingen, Remscheid.

Beste Zeit: Wetterabhängig, April–September, vorher auf den Anbieter-Seiten checken.

Dauer & Strecke: Kürzeste Strecke 4 Std. an und auf der Wupper, inkl. Hol- und Bring-Service zurück zum Parkplatz Burgholz.

Ausrüstung: Wetterangepasste Kleidung, feste Schuhe und auf jeden Fall Wechselwäsche einpacken.

> **FAZIT: FASZINIERENDE BEGEGNUNG MIT DEM ELEMENT WASSER AUF UND AN DER WUPPER, IM ARTENREICHEN FLORA-FAUNA-HABITAT-GEBIET.**

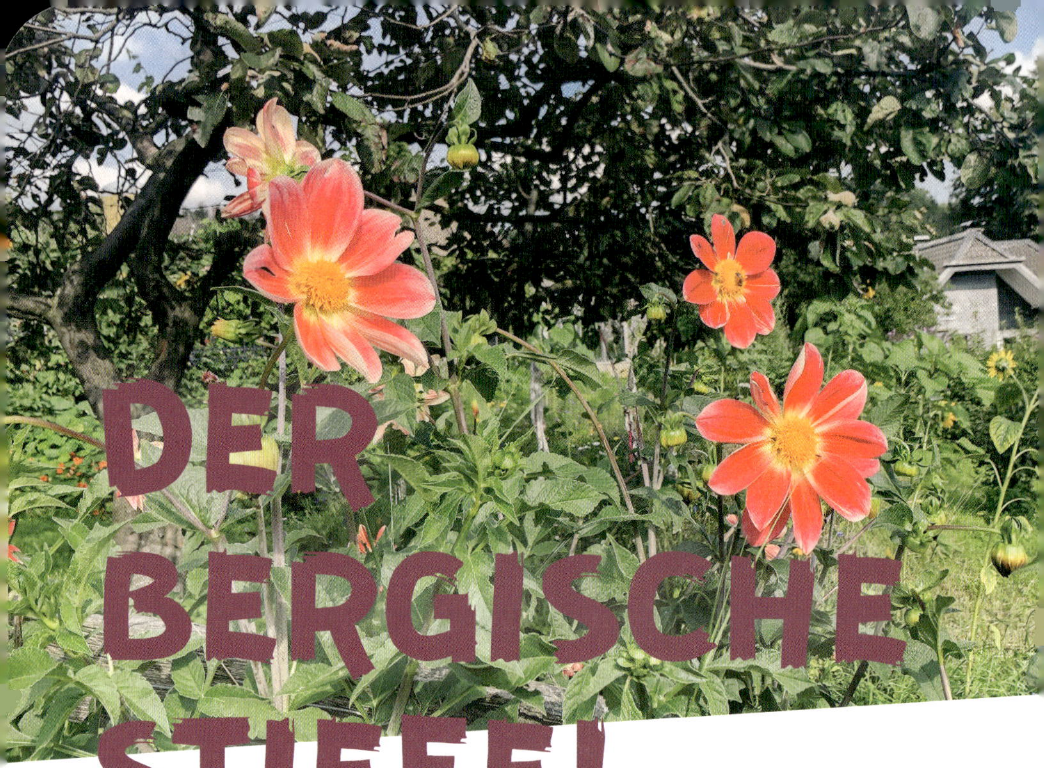

DER BERGISCHE STIEFEL

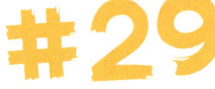

... rund um Herrenstrunden

#29

Der Spätsommerhimmel ist knackeblau und klar – eine super Ausgangslage für super Ausblicke. Doch die Runde um Herrenstrunden ist nicht nur aussichts-, sondern auch genussreich. Warum die Tour heißt, wie sie heißt? Ein Blick auf die Karte verrät es.

#dasGlückliegtaufderWiese #tollkühneTorten #Aha!Ausblicke #nichtvonPappe

Eine Tour so richtig zum Wohlfühlen: Neben grandiosen Ausblicken erfreuen Wanderer auch kleine Begegnungen am Wegesrand.

Den Anfang markiert ein besonderes Fachwerkensemble: die Papiermühle Alte Dombach, heute Papiermuseum. Zur Linken begleitet den steilen Anstieg durch den Wald ein sanft murmelndes Bächlein. Ein Notenschlüssel als Wegmarkierung erinnert an den Komponisten Max Bruch. Ganz still ist es auf der Höhe zwischen gewaltigen Buchen. Die Landschaft öffnet sich, ein Kirchturm grüßt malerisch. Weiter auf dem Bergischen Weg, vorbei an Wanderhütte, Hombacher Wegekreuz und über ein steinernes Brücklein. Vor Gut Schiff (www.gut-schiff.com), einer ehemaligen Pulvermühle, rechts in den Wald abbiegen. Auf

Wald- und Wiesenabschnitte (A3/A4) folgt ein Abstecher nach Herrenstrunden. An der Kirche hinter der alten Malteser Komturei, heute Hotel-Restaurant (www.malteser-kom turei.de), entspringt die Strunde, der fleißigste Bach des Bergischen Landes. Die meisten Wanderer indes interessiert eher Torten Tollkühn (www.torten-service-tollkuehn.de) mit den leckersten Torten des Bergischen Landes.

Eine steile Treppe führt raus aus Herrenstrunden – die angefutterten Kalorien schafft man sich so schnell wieder vom Leib. Erneut dem Bergischen Weg folgen, bis dieser rechts und

der Höhenweg links abzweigt. Letzterer bietet Wahnsinns-Ausblicke auf Köln; doch die liegen auch vor den Wanderern, die sich geradeaus halten. Auf sie wartet etwas Besonderes. Kein Aus-, sondern ein Einblick: ein Briefkasten mit verheißungsvollem Inhalt neben einer Bank. »Du lebst, um glücklich zu sein« – ja, das Glück liegt wirklich nahe. Und wird noch größer, wenn kurz nach diesem besinnlichen Moment Essers Hofladen lockt (www.essers-hofladen.de).

Hin & weg: Buslinie 426, Haltestelle Alte Dombach; Parkplatz am Papiermuseum/Papiermühle Alte Dombach.

Beste Zeit: Ganzjährig. Nicht nach starkem Regen, da rutschig und matschig. Am schönsten bei klarem Wetter.

Dauer & Strecke: Ca. 5 Std. für 19 km, Aufstieg 411 m, Abstieg 418 m. Trittsicherheit erforderlich. Beliebig verlängerbar mit Besuch der Papiermühle, Picknick oder Einkehr und Hofladen-Einkauf.

Ausrüstung: Feste Schuhe, Rucksack mit viel Platz für Marmelade, Mehl, Eier …

Ganz schön fleißig: Bis zu 50 Mühlen trieb die Strunde einst an – und das auf einer Länge von nur 20 Kilometern.

Nur nicht zu viel in den Rucksack packen, erst gut die Hälfte der Tour ist geschafft. Über eine Kleeblattwiese, vorbei an Kühen, Brombeerhecken, einer uralten Eiche und durch Wald erreicht man eine winzige Siedlung und mit ihr den Höffer Hof (www.hoefferhof.de) samt Biergarten. Stärkung gefällig? An Reibekuchen und Co. gibt es rein gar nichts auszusetzen. Am Gasthof rechts hoch, dann zwischen den Häusern Nummer 12 und 16 geradeaus durch. Ein langer, langsamer Anstieg über eine Mountainbikestrecke führt zu einer Fichtenschonung, der Borkenkäfer arg zugesetzt haben. Wie an vielen Stellen im Bergischen. Eine letzte Anstrengung, und erneut folgt man dem Höhenweg: mit Blick nach rechts auf Köln, mitunter sogar bis aufs Hohe Venn. Links ab (A4). Nach einem Wäldchen – wer findet den Hochsitz für den nachmittäglichen Cock-tail? – und einem super Blick aufs Bensberger Schloss kommt schon der nächste Hofladen in Sicht. Bei Steffens (www.gefluegelhof-steffens.de) schmeckt nicht nur das frische Brot lecker. Um ein paar Einkäufe schwerer steht der letzte Anstieg an. Ab der Romaneyer Höhe geht es bergab. Das Papiermuseum (www.industriemuseum.lvr.de) wartet – und mit ihm ein hübsches Café an der Strunde (www.cafe-alte-dombach.de). Natürlich mit bergischer Kaffeetafel!

FAZIT: NICHT NUR DER ITALIENISCHE STIEFEL IST AUFREGEND, DER BERGISCHE IST ES AUCH! ZWAR GIBT'S KEIN MEER, ABER AUSSICHT, GENUSS UND ÜBERRASCHUNGEN.

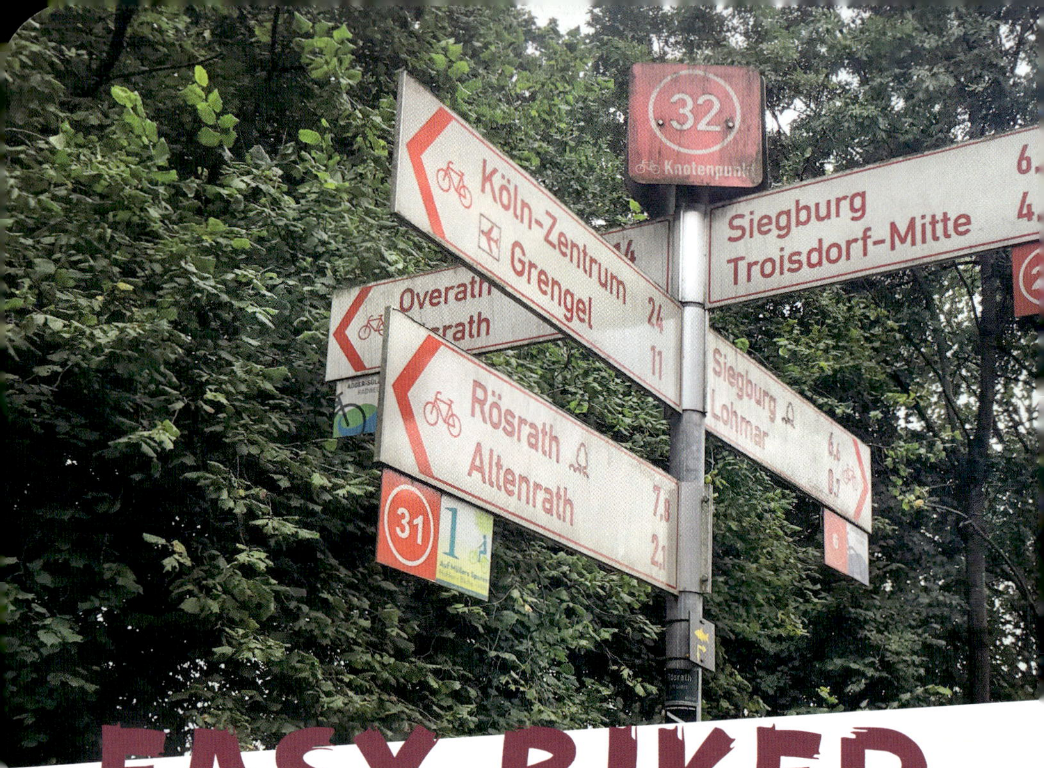

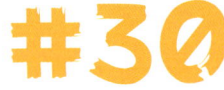

EASY BIKER

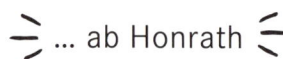

... ab Honrath

#30

Mühelos dahingleiten, vorankommen, stressfrei am Berg radeln: Mit dem Pedelec Vergnügen pur! Gut gelaunt geht es »Auf Müllers Spuren« durch abwechslungsreiche Täler und auf aussichtsreiche Höhen. Burgen, Bäche, Mühlen und Bauernhöfe wollen entdeckt werden!

#tourdepaysdeBerg #Gegenwindlover #borntocycle #Berg&Talfahrt

Gechillt radeln im Bergischen: Pedelec sei Dank!

→ AUSFLÜGE

E-Bike Region *bergisch⁴*

Miete mich!

0162-8163098

www.bergisch-hoch-vier.d

Für Naturerlebnisse im Bergischen Land mit dem Rad bietet sich elektrische Unterstützung an, also los mit einem Pedal Electric Cycle, oder mit anderen Worten, einem Pedelec. Bis 25 Stundenkilometer unterstützt der Motor auf Knopfdruck die eigene Tretkraft, schneller geht es nur noch mit Muskelkraft oder Schwung. In der Ebene entscheidet der fröhlich radelnde Mensch selbst die Intensität des Cardio-Trainings: mehr oder weniger Motor- oder Muskelkraft geht immer! Spaß macht es,

die Vorteile des Bikes auf den Themenrouten von Bergisch⁴ zu nutzen. Dahinter versteckt sich der Zusammenschluss der Gemeinden Lohmar, Much, Neukirchen-Seelscheid und Ruppichteroth (www.bergisch-hoch-vier.org), die sich auch als E-Bike-Region verstehen.

Praktischerweise startet die Route Auf Müllers Spuren am Honrather Bahnhof, wo sich die Geschäftsstelle von Bergisch⁴ mit E-Bike-Verleih und Kartenmaterial befindet. Ideal ge-

Schicke Burgen liegen auf Müllers Spuren. Der heutige Technologiehof Burg Sülz residiert in einem 1766 begonnenen »Neubau« einer adeligen Burganlage.

eignet, wenn man die motorunterstützte Fahrweise erst einmal ausprobieren möchte. Eins wird auf jeden Fall nach wenigen Metern klar: Das Pedelec lohnt, denn der Anstieg zur Burg Honrath ist nicht ohne! Die herrlichen Aus- und Anblicke lassen sich einfacher genießen, wenn man nicht von der Bergfahrt erschöpft ist. Sehr schön auch, dass der Weg anfänglich parallel zum beliebten Bergischen Streifzug Bauernhofweg verläuft. An der Gammersbacher Mühle geht es vorbei an Kängurus und Ponygewusel in Richtung Bauerngut Schiefelbusch. Hier beobachten entspannte Kühe, wie ein Mensch nach dem anderen im Maislabyrinth verschwindet.

Die Runde führt weiter durch Wald, an Straßen entlang und zum Heideort Altenrath. Nahe dem Köln-Bonner Flughafen trifft sie auf den Agger-Sülz-Radweg. Der Panoramaweg

verläuft hier zur Mündung der Sülz in die Agger, dem bezaubernden Herzstück der Route. Geschmeidig radelt es sich weiter durch das charmante Naafbachtal, bevor es wieder hügelig wird.

Der Abstecher zur Einkehr bei Camping Paul entschädigt die anstrengende Anfahrt mit köstlichen Bergischen Waffeln (www.camping-paul.de). Ein Halleluja für den Motor beim stetigen Bergauf und -ab, immer wieder belohnt von der abwechslungsreichen Umgebung! Trotzdem ist es wohltuend, in Overath vom Rad zu steigen und es durch das interessante Terrain um Gut Eichthal (www.overath.de/gut-eichthal.aspx) zu schieben.

Drei moderne Veranstaltungspavillons stehen hier im augenfälligen Kontrast zum historischen Gutsgebäude zwischen Wald und Ag-

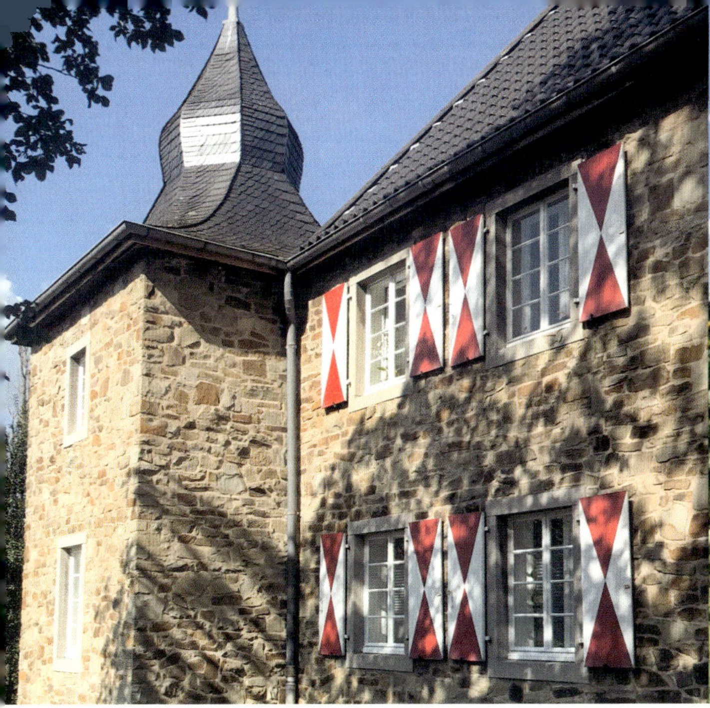

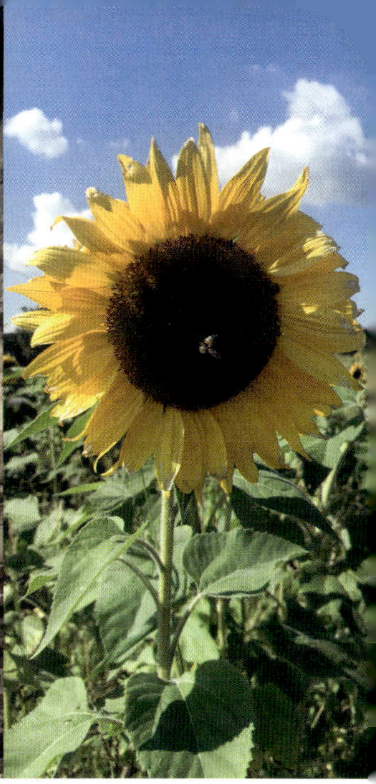

ger. Eine Runde schlendern, das Fließen des Flusses von der Brücke betrachten, bevor es zurück nach Honrath geht. Erst am Ziel angekommen fällt es plötzlich auf: Die Spuren des Müllers, wo sind die eigentlich geblieben? Bestimmt haben Wanderer sie lustvoll aufgenommen. Spurensuche also beim nächsten Mal auf dem Bauernhofweg!

FAZIT: LÄCHELND DURCH DAS E-BIKE-KÖNIGREICH BERGAUF UND BERGAB RADELN! DABEI HÖHENZÜGE, BURGEN UND WILDE FLÜSSE AM WEGESRAND EROBERN.

Hin & weg: RB25 nach Honrath, Parkmöglichkeiten am Bahnhof.

Beste Zeit: Frühling-Herbst, schön an bedeckten Sommertagen, um Außenwirtschaften zu genießen, aber nicht zu viel Sonne einzustecken.

Dauer & Strecke: 3 Std. für 44 km ohne Pause mit dem Pedelec. Dabei geht es rund 640 Hm bergauf und -ab!

Ausrüstung: Pedelec, vorher aufladen nicht vergessen! Regencape, Ringschloss, Trinkflasche, Fahrradhelm.

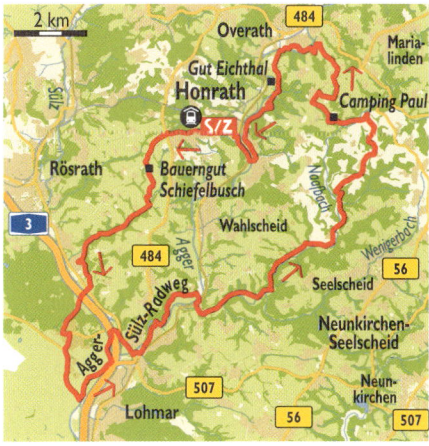

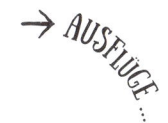

→ AUSFLÜGE...

PARK DES WANDELS

≥ ... im Neuland-Park in Leverkusen ≤

#31

Auf der Ebene der Langsamkeit gibt es viel zu entdecken. Wo die liegt? Wahrscheinlich in jedem von uns – und außerdem in Leverkusen. Hier befindet sich der Neuland-Park. Wie sieht ein Garten aus, der nach Feng-Shui gepflanzt und geplant wurde? Diese und andere Entdeckungen warten im Neuland.

#ausMüllmachneu #Zukunftswege #UpcyclingPark

Kreativität ist ansteckend. Wie lässt sich der Torbogen sonst noch nutzen?

tende Neulandbrücke den Eingang. Sie führt über die Rheinallee und in den Neuland-Park (www.neuland-park.de). Themengärten, Veranstaltungen, Kunstobjekte und Wildbienen – das macht diesen Park heute aus. Doch das war nicht immer so. Unter der grünen Oberfläche liegen circa drei Millionen Tonnen Müll. Denn hier hatte die Bayer AG bis Mitte des 20. Jahrhunderts eine Werksdeponie. Bauschutt, hausmüllähnliche Abfälle und Chemie-Rückstände wurden neben den Rhein gekippt. Danach kamen Wohnungen, und bis zur Eröffnung des Parks im Jahr 2006 (vorher fand vor Ort die Landesgartenschau statt) war es ein langer Prozess, der vor allem die Sicherung der Altlast und den Grundwasserschutz im Fokus hatte. Eine »Recycling«-Geschichte der ganz besonderen Art also.

Der Rhein fließt gemächlich und auf der Leverkusener Rheinbrücke saust der Verkehr. Direkt dort markiert die futuristisch anmu-

Von all dem ist heute beim Streifzug nichts mehr zu erahnen. Neuste Errungenschaft des Parks, der sich wie gesagt laufend verändert, ist das kostenlose Outdoor-Gym. Inspiriert von den großen Städten, sollen sich dort an insgesamt acht verschiedenen Stationen alle fit halten können, und auch sein Handy kann man aufladen. Eins der Geräte ist speziell für Rollstuhlfahrende. Übungen sind auf Infotafeln veranschaulicht, und die Benutzung ist kostenfrei. Neben den Trainingsgeräten stehen Solarleuchten und eine Solarbank.

Genug gesportelt? Weiter geht's. Die Orientierung fällt in dem übersichtlichen Park, der von großen Rasenflächen durchzogen ist, eigentlich nicht schwer. Und dennoch übersieht der ein oder die andere schnell die vielen liebe-

Nachhaltigkeit ist auch ein Thema im Park. Der Tauschbörse-Bücherwagen sowie die Windrad-Rutsche lassen da keinen Zweifel zu.

vollen und künstlerischen Details am Weges-rand. Nicht zu übersehen ist allerdings der Eingang zum Feng-Shui-Garten. Ein Kleinod im Park. Genau wie der Wildbienen-Garten.

Vielleicht ist heute ein Glückstag, und der Bücherwagen steht vor dem Café auf der anderen Seite des Parks. Hier können nach Lust und Laune Bücher getauscht werden. Das Café markiert das Ende (oder den An-fang, je nachdem, wie man es sehen will) des Neuland-Parks. Doch keine Sorge, die Entde-ckungstour ist noch nicht vorbei! In der Nähe lässt es sich ebenfalls noch herrlich spazie-ren. Nicht weit entfernt wackelt eine Hänge-brücke im Wind über der Dhünn, und auch dort heißt es wieder Augen auf für die kleinen und großen Wegfreuden.

Hin & weg: Zu Fuß vom Bahnhof Leverkusen oder vom Parkplatz P2.

Beste Zeit: Das ganze Jahr über.

Dauer & Strecke: Mindestens 2,5 Std. für 3,5 km. Mit Picknick, Cafébesuch und den Spielplätzen durchaus auch ein ganzer Tag.

Ausrüstung: Kamera, Wasser, leichtes Schuhwerk.

NICHT NUR OBER-FLÄCHLICH

… bei Ründeroth im Aggertal

#32

Das Bergische ist nicht nur auf den ersten Blick ein wunderschönes Land, auch unter der Erde ist es durchzogen von wundersamen Höhlen und Kanälen. Wie wurden diese eigentlich entdeckt, und wie wird man Höhlenforscherin oder -forscher? Auf dieser Tour erhält man im wahrsten Sinne des Wortes tiefe Einblicke.

So viele Schätze über und unter der Erde. Wer entdeckt noch mehr?

Die größte Höhle Nordrhein-Westfalens, unter den Top Ten in Europa, eine Wunderwelt die sich auf einer Länge von 8256 Meter erstreckt: das Windloch. Dieses Labyrinth unter der Erde wurde nach über zwanzig Jahren des Suchens erst 2019 entdeckt. Zu dem Zeitpunkt fanden die Forschenden endlich einen Zugang zu dem schon lange vermuteten Karsthöhlensystem. Und der Fund übertraf bei Weitem alle Erwartungen. Bilder aus dem System sind atemberaubend, riesige Kristallformen ziehen sich wie Spinnennetze durch die Höhlenwände. Um Enttäuschungen vorzubeugen, sei aber schon an dieser Stelle gesagt, dass das Tunnelsystem nicht öffentlich zugänglich ist. Dennoch ist man ihm hier vor der blauen Luke in die Anderswelt ganz nah und kann bei der Wanderung über den Mühlenberg kaum glauben, dass solche Schätze unter den Füßen liegen.

Das Thema Höhle begleitet die Wanderer auf dem Höhlenweg (Schild Nummer 14) auf Schritt und Tritt in Form von Infotafeln, Audiostationen und Illustrationen. Die Audioanlage startet man übrigens durch Kurbeln. Auch wenn die Lampe noch nicht rot leuchtet, ist das Abspielen meist schon nach kurzer Anstrengung möglich. Einem echten Höhlenforscher und seinen Erzählungen auf den Spuren ist auch die schöne Agger ein wichtiger Wegweiser dieser Tour. Hier in Ründeroth stehen

Hin & weg: Ründeroth Bahnhof. Dort gibt's auch Parkmöglichkeiten.

Beste Zeit: Ganzjährig. Für den Besuch der Aggertalhöhle April–November.

Dauer & Strecke: 4 Std., 9 km.

Ausrüstung: Festes Schuhwerk.

die Häuschen ganz nah am Wasser, und die Idylle scheint perfekt.

Auch andere Wanderwege locken weiter in den Wald hinein, zum Beispiel der Elfenweg, der sich direkt an der Aggertalhöhle befindet. Letztere wird an ihrem urigen Eingang von zwei Fledermäusen bewacht und kann im Rahmen einer Führung besucht werden.

Wie wäre es mit einem Spaziergang durch Korallenriffe? Die hätte vor Ort vermutlich keiner vermutet, doch das Oberbergische Land war vor circa 360 Millionen Jahren der Meeresgrund eines tropischen Flachmeeres. Deshalb können die Besuchenden heute in der Höhle vom beleuchteten Weg aus versteinerte Korallen bewundern. Verrückt!? Eine eindrucksvolle Erinnerung an den ewigen Wandel.

FAZIT: KORALLENRIFFE MITTEN IM BERGISCHEN LAND? ... NICHTS IST UNMÖGLICH, LEUTE!

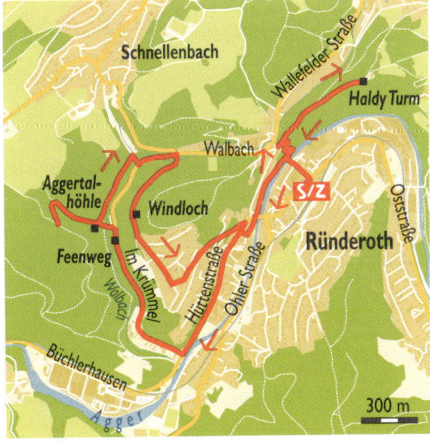

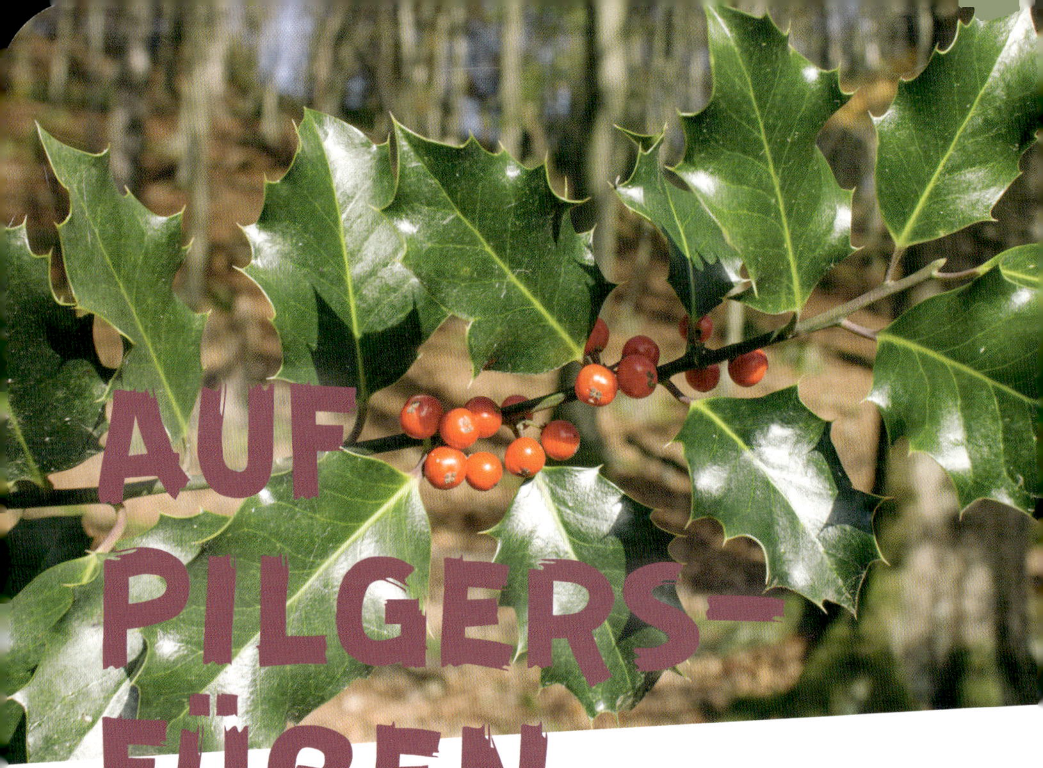

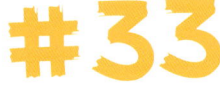

AUF PILGERS-FÜßEN

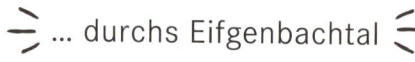

… durchs Eifgenbachtal

#33

Einst zogen Jakobspilger auf dem Weg ins spanische Santiago de Compostela durch das Eifgenbachtal. Ob sie einen Blick für die wildromantische Szenerie hatten, ist ungewiss. Dass das Tal verzaubern kann, steht allerdings fest.

#wieimMärchen #Jakobspilger #Dornröschenlässtgrüßen

Verwunschen und verzaubert – der Weg durchs Eifgenbachtal ist eine Wanderidylle.

Sonne. Vorhufe. Hinterhufe. Stumpf. Linde. Habenichts. Selbst Straßburg und Grunewald sind nicht weit. Auf dem Weg zum Wanderparkplatz Neuemühle klingen schon die Landschaftsbezeichnungen verheißungsvoll – und versprechen nicht zu viel. Wild-verwunschen zeigt sich die Eskapade.

Gleich zu Beginn, an der Brücke über den Eifgenbach, einen 21 Kilometer langen Zufluss der Dhünn, möchte man wieder Kind sein. Denn das spielt hier ganz unschuldig in Wasser und Matsch. Hach, wie herrlich. Entlang steiler Hänge zur Rechten, an die sich Buchen und Eichen krallen, windet sich der holprige Weg, zur Linken den Fluss. Mal schmal, mal bis zu zehn Meter breit, schlängelt er sich durch das Mittelgebirgstal, immer wieder gespeist von fröhlich vor sich hin sprudelnden Bächlein. Enge Talabschnitte wechseln sich mit weiten Auenlandschaften ab, in denen der Eifgenbach lustig vor sich hin mäandert. Auenwälder und Röhrichtlandschaften prägen die Natur, und auf fetten Wiesen grasen gut gemästete Kühe und Schafe. Sie sind allerdings nicht die einzigen Bewohner des Tals.

Infotafeln verraten, dass hier allerlei Volk unterwegs sein soll, etwa Elfen, Feen und Zwerge. Einst sollen sie den schwer arbeitenden

Talbewohnern bei der Arbeit geholfen haben. Als sich mehrere große Hexenringe am Wegesrand auftun – im Volksglauben Versammlungsorte von Hexen oder Feen –, glaubt man all diese Geschichten sofort. Jetzt könnte auch Dornröschen um die Ecke kommen …

Die Wanderung vertrüge auch getrost den Untertitel »Mühlen sammeln«. Auf Neuemühle (www.restaurant-neuemuehle.de), heute Restaurant und Biergarten mit noch funktionierendem Mühlenwerk und altem Mühlenrad, folgt wenig später die ebenso schöne Rausmühle (www.rausmuehle.de). Auch sie Ausflugsgaststätte mit hervorragender Küche, aber gut 400 Jahre älter. Wer meint, sie zu kennen, liegt nicht falsch: Die Wassermühle war Kulisse im ZDF-Krimi »Mordshunger – Verbrechen und andere Delikatessen«. Sie befand sich lange mit der Markusmühle ein paar Kilometer weiter im Streit um die Anlage von Mühlenteichen. Die Besitzer der Markusmühle verloren und hatten auch sonst wenig

Den Jakobspilgern blieb seinerzeit wohl nur der beherzte Griff zu den Pilzen. Einkehren, wie in der Neuemühle, konnten sie noch nicht.

Glück: 1984 brannte die Mühle zum zweiten Mal ab und wurde nicht wieder aufgebaut. Kurz hinter den Fischzuchtteichen biegt der A3 scharf links ab – ade Eifgenbach, hallo Linnefebach –, und ein steiler Anstieg, eine super Aussicht und eine weitere Mühle folgen. Die Coenenmühle von 1382 beherbergt ein gut besuchtes Pfannkuchenhaus (www.coenenmuehle.de). Entlang der Linnefe und durch idyllische Waldgebiete erreicht man schließlich wieder die Neuemühle. Wer jetzt hier einkehren mag, hat es sich verdient.

Tipp: Wasser prägt den Tag: Kurz hinter der Coenenmühle bezirzt das charmante Waldschwimmbad Dabringhausen in der Saison mit einer 50-m-Bahn, konstanten 24 Grad Wassertemperatur und seiner Lage (www.freibad-dabringhausen.de).

Hin & weg: Ab Wanderparkplatz Neuemühle (Wermelskirchen); am Wochenende (März–November) auch mit WanderBus-Linie 267 zu erreichen.

Beste Zeit: Ganzjährig. Nicht nach starkem oder länger anhaltendem Regen.

Dauer & Strecke: Erst Eifgenbachweg (www.bergisches-wanderland.de/tour/eifgenbachweg-streifzug-5), dann Wanderwege A3, D2, E4; 3–4,5 Std. für ca. 15 km, mit Picknick, Einkehr und Pilze sammeln beliebig länger. Trittsicherheit erforderlich.

Ausrüstung: Feste Schuhe, Proviant, Pilgerstab, Wasserspielzeug.

GIPFEL-STÜRMEN

≳ ... am Homert bei Gummersbach ≲

#34

Huch, gleich zwei Gipfelkreuze? Welcher ist denn nun der höchste Punkt im Bergischen? Und wo ist eigentlich der Ausblick? Fragen über Fragen bei dieser überraschenden Tour, die alles andere ist als anstrengendes Bergsteigen und dennoch einen Eintrag ins Gipfelbuch verspricht.

Höhenunterschiede, Konditionstraining, Ausrüstung, ein endlos langer Aufstieg – nichts von all dem wird Teil der Tour zum höchsten Punkt im Bergischen Land sein, der sich mitten im Wald befindet. Lange hat man den Homert an Höhe sogar noch überschätzt. Für die Faulen sei vorab gesagt: Man könnte theoretisch sogar mit dem Auto fast bis zum Gip-

Egal ob vom »echten« Homertgipfelkreuz oder vom Fake, den atemberaubenden Ausblick bietet nur der Wanderweg.

felkreuz fahren. Vom Naturfreundehaus Käte Strobel etwa sind es nur ein paar Meter, und geparkt werden kann weiter oberhalb direkt am Wald. Doch diese Info erstmal außer Acht gelassen, führen viele Wanderwege hoch zum Homert. Und diese sind sehr zu empfehlen, denn von fast überall ist der Ausblick schöner als vom Gipfel selbst. Infolge des schlimmen Fichtensterbens gibt es viele Freiflächen und damit herrliche Weitblicke über die oberbergische Landschaft bis hin zum Ebbegebirge.

Hoch geht es durch das hügelige Umland mitten durch den Naturpark Bergisches Land. Der Aufstieg ist seicht und zu Anfang der Wanderung noch am steilsten. Danach verläuft der Weg eher serpentinenartig hoch und immer mal wieder runter. Insgesamt 197 Meter hoch wird gewandert, denn der höchste Punkt des Bergischen befindet sich ganze 519 Meter über dem Meer. Nähert man sich diesem Punkt, ist er tatsächlich sehr leicht zu übersehen. Beide Gipfelkreuze sind nämlich nur über Trampelpfade erreichbar, die teilweise ordentlich zugewachsen sind. Moment mal, beide Gipfelkreuze? Ja, hier oben ist die Verwirrung groß. Das kleine Gipfelkreuz zeigt 526 Meter, es wurde bereits 1945 aufgestellt. Ein Stück weiter befindet sich ein größeres Gipfelkreuz vom DAV, 519 Meter steht dort, und in einer Brotdose im Kasten liegt auch das Gipfelbuch mit Einträgen aus den letzten Jahren. Eine unterhaltsame Lektüre, außerdem ist der Eintrag eine schöne Verewigung bei dieser besonderen »Bergbesteigung«.

Hin & weg: Bus 318 nach Hardt.

Beste Zeit: Das ganze Jahr über, aber besonders schön im Herbst.

Dauer & Strecke: 4 Std., 11,8 km.

Ausrüstung: Ein Stift, falls die beim Gipfelbuch leer sind, feste Schuhe, Wasser, Butterbrot.

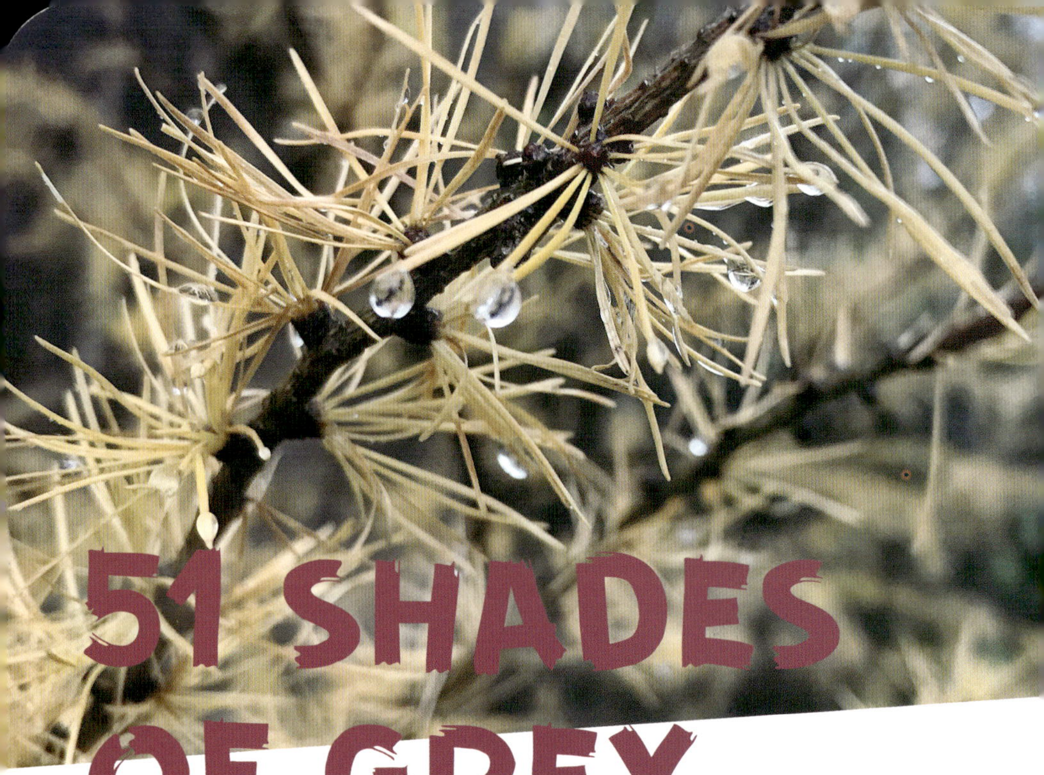

51 SHADES OF GREY

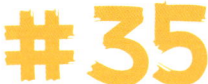

… auf dem Kräuterweg ab Seelscheid

#35

Nebel, Nieselregen, November. Endlich in Ruhe lesen, backen, stricken oder vielleicht doch einfach raus? Ein Blick auf die Streifzüge macht die Entscheidung leicht: »Kräuterweg in Neunkirchen-Seelscheid« klingt wie Balsam für die Seele. Also: Schweinehund streicheln und Gassi gehen.

#greyisbeautiful #Singingintherain #Krautsalat #Bienenrestaurant #Birkensaft

Die Vorteile des Regenwanderns überzeugen: leere Wege, gereinigte Luft und eine mystische Atmosphäre.

An Tagen wie diesen sind die Streifzüge des Tourismusvereins Bergisches Land einfach perfekt (www.bergisches-wanderland.de). Sie versprechen gut beschilderte Wege und anregende Themen auf Infotafeln am Wegesrand. Genau das Richtige für einen Tag, an dem die Sicht begrenzt ist und die Natur einen ausgiebigen Regentag genießt.

Trotz Nebelschwaden gelingt der Einstieg wie im Tourenblatt zum Streifzug Nummer 19 beschrieben leicht. Leuchtend weist die weiße Zahl auf rotem Grund den 16,4 Kilometer langen, nicht einfachen Weg. Das animiert, nach weiteren Lichtpunkten zu schauen. Die finden sich vor allem in Regentropfen an Ästen, auf Blättern, in Pfützen und auf der Regenhose.

»Wenn ich will, dass die Sonne scheint, lasse ich sie einfach aufgehen – auch in Wuppertal.«
Das Statement von Pina Bausch passt einfach überall und gilt nach innen wie nach außen.

Schon faszinierend, dass sie auch ohne Sonnenlicht glitzern. Und nicht nur das, sie schaffen auch eine ganz eigene Begleitmusik, mal lauter, mal leiser, je nachdem wie stark sie auf Kapuze, Weg und Umgebung fallen.

Regenwandern wird von selbst zum meditativen und sportlichen Erlebnis. Die Wegführung durch Wald, Wiesen und an Bächen entlang, die sonst bei weiten Ausblicken zum Innehalten einlädt, ermuntert dank grauer Begrenzung zum zügigen Tempo. Der Blick bleibt am Boden oder an Pfützen hängen und erlaubt sicheres Gehen auch an matschigen und steilen Stellen. Und irgendwann ist es so weit, dass ein eigentümliches Naturerleben geschieht: Den ganzen Sommer haben Flora und Fauna gedürstet und jetzt wird in Saus und Braus Trink- und Badetag gefeiert! Lebenskraft wird aufgefüllt, aufgefrischt und gesammelt. Auch der Mensch tankt auf. Ohne Zweifel: Wasser ist Leben.

Die Verbindung zum Wasser wächst mit dem Weg. Im Naafbachtal nimmt sie eine zusätz-

Hin & weg: S12 von Köln bis Siegburg, mit Bus SB56 bis Seelscheid Post. Oder bequem mit dem Auto zum Parkplatz am Ehrenmal, wo die Wanderung auch startet, 53819 Neunkirchen-Seelscheid.

Beste Zeit: März–November. Aufgepasst: Streckenteile werden auch von Radlern genutzt und können im Frühjahr/Sommer besonders an Wochenenden voll sein.

Dauer & Strecke: 5 Std., 16,5 km. Ohne Regen mit Picknick und Aussicht beliebig länger.

Ausrüstung: Festes Schuhwerk, wetterfeste Kleidung, Rucksack, Verpflegung, Schirm.

Es plätschert und prasselt am rauschenden Bach: Der Naafbach teilt sein wertvolles Gut mit seltenen Tier- und Pflanzenarten.

liche Bedeutung an, denn dem malerischen Naturschutzgebiet droht schon seit Jahrzehnten der Bau einer Talsperre. Allerdings ist das Bergische Land schon das talsperrenreichste Gebiet Europas und braucht eine weitere eigentlich nicht. Gerade an ohnehin nassen Tagen scheint das sehr deutlich, wenn die sattgrünen Auenflächen, gesunder Mischwald und alte Obstbaumwiesen einen ungestörten Augenschmaus bieten.

Dass hier seltene Kräuter wachsen, die dem Weg den Namen gaben, scheint sicher. Die Infotafeln verweisen originell auf die Wirkungen der oft heilsamen Pflanzen: das Johanniskraut als Kraut des Himmels wegen seines stimmungshebenden Effekts und gegen den Teufel, ob seiner Wirkung bei Gicht oder Hexenschuss. Den Birkensaft beschreibt Wilhelm Busch als Wundermittel für die Glatze, der Huflattich gilt aufgrund seiner großen Blätter als des Wanderers Klopapier. Wieder etwas gelernt!

Nach fünf Stunden Regensegen hat die Route alle Versprechungen eingelöst, der Mensch ist glückseliger Teil des Wunders Natur. Und er ist privilegiert, denn Schokoladenkuchen, warme Stube und Getränke schließen die Wanderung perfekt ab.

> **FAZIT: MITTELSCHWERER RUNDWEG MIT BETÖRENDEN AUSSICHTEN BEI GUTEM WETTER, WERTVOLLEN EINSICHTEN BEI SCHLECHTEM.**

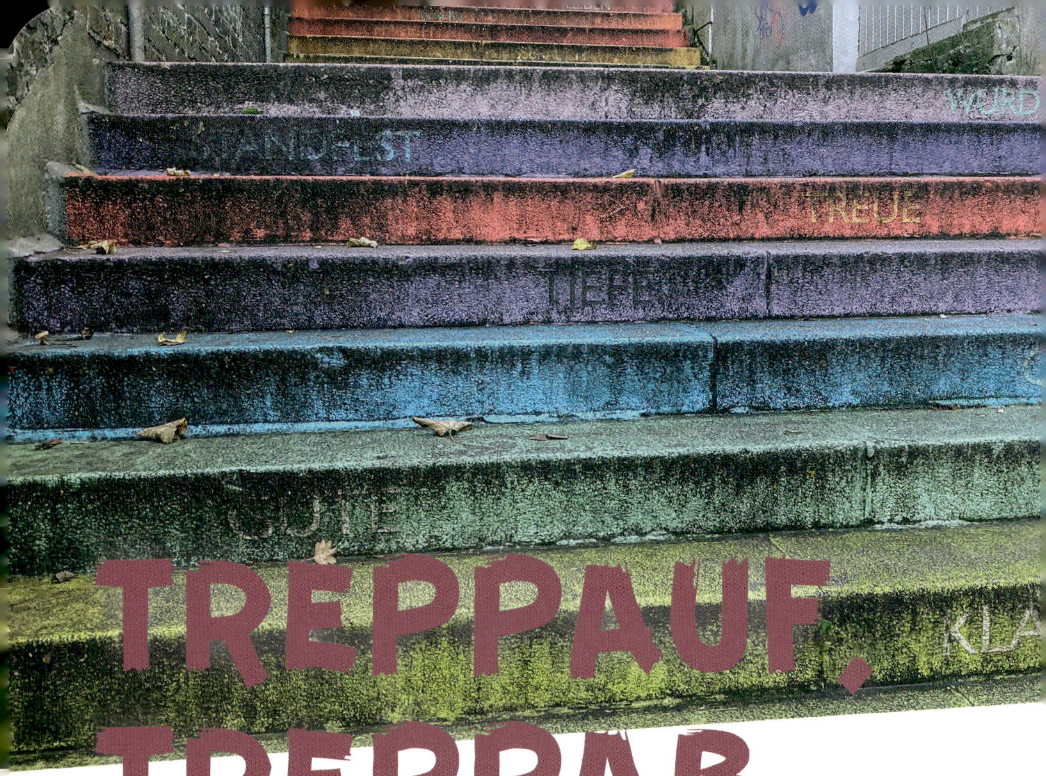

TREPPAUF, TREPPAB

... im ehemaligen Arbeiterviertel Wuppertal-Elberfeld

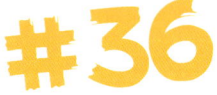

#36

Wo einst die Arbeiter zwischen ihrem Zuhause und den Fabriken an der Wupper hin und her eilten, ist auch heute noch Kondition gefragt. Dafür gibt es Durchblicke, Weitblicke und Ausblicke.

 #auf&ab #einAufzugwärejetztschön #AufstiegmitMehrwert #BauchBeinePoTraining

Mit circa 500 öffentlichen Treppen konkurriert Wuppertal mit Stuttgart und seinen »Stäffele« um den Titel der treppenreichsten deutschen Stadt.

Knapp 500 Treppen mit mehr als 12 300 Stufen zählt Wuppertal – kein Wunder bei einer Stadt mit Höhenunterschieden von bis zu 250 Metern. Doch dieser Spaziergang streift nur zehn Treppen mit 1015 Stufen. Also, auf die Treppe, fertig, los! Über die Gathe ist die um 1900 vollendete Holsteiner Treppe erreicht. Sie zählt zu den zehn schönsten Treppen weltweit. Jede der 112 Stufen ist in einer anderen Farbe gestrichen. In der je-

weiligen Komplementärfarbe stehen Worte wie Freundschaft, Wut, Liebe auf den Stufen. Ein zweites Kunstwerk schließt sich an, die Flensburger Treppe, die den Weg auf den Engelnberg fortsetzt und zu beiden Seiten von einem roten Figurenfries geschmückt ist. Die Zeichnungen porträtieren Anwohner, die Diemut Schilling Model standen. Ein Zierband aus Schülerfragen begleitet die Friese: »Merkt das Plankton, wenn es sich im Wal

befindet?« oder »Von wem wurde Gott geboren?«. Ach, hätte die Treppe doch mehr als 60 Stufen. Nur acht zählt dagegen der Kosakenweg – und drei Zerrspiegel. Viel Spaß damit! Der Weg führt nun zum Platz der Republik

Hin & weg: Mit den Buslinien 620, 625, 635, 645 ab Hauptbahnhof Wuppertal bis Schleswiger Straße; ggf. Schwebebahn von Robert-Daum-Platz bzw. Ohligsmühle bis Westende.

Beste Zeit: Frühling–Herbst. Möglichst nicht im Winter, da die Treppen nicht immer geräumt und die Eisdielen dann geschlossen sind. Im Frühjahr blühen Tausende von Wildkrokussen und Narzissen auf dem Nützenberg.

Dauer & Strecke: 2–3 Std. reine Laufdauer für ca. 4,5–7 km, plus Schwebebahnfahrt. Ausdehnbar auf einen ganzen Tag, je nach Lust & Laune, Blicken nach links und rechts, Kaffeehausbesuchen …

Ausrüstung: Gute Schuhe, möglichst kleines Gepäck.

mit seinem Gerechtigkeitsengel. Eine erste Rast? Gerne. Entweder mit Butterbrotdose auf der Parkbank oder in einem der Eiscafés.

Über die Paradestraße geht's zur Preßburger Treppe. Ein Kunstwerk mit 133 Stufen. Warum die Treppe JUMP heißt? Sieht man doch: Die dargestellten Menschen laufen, springen, hüpfen – mit Stäben in der Hand. Diese zieren Antworten von 100 Anwohnern auf die Frage, was sie überwinden möchten. »Stress«, »Stärker werden« oder »Be who you are« ist da zu lesen. Etwa im Knick der Treppe liegt der paradiesische Ostersbaumer Honiggarten. Über den Karlspatz ist bald die moderne Terrassentreppe am Haus der Jugend erreicht, mit nur 15 Stufen leicht zu schaffen. Jetzt wird's verwinkelt und geht um ein paar Ecken zum Tippen-Tappen-Tönchen. Die prominente Treppe – nicht nur als Tatort im Krimi »King

Treppen gehören zu Wuppertal wie die Brücken zu Venedig. Ob die Wuppertaler wohl sportlicher und gesünder sind als andere Städter?

Ping« zu sehen – verbindet seit 1900 Luisenviertel und Ölberg. Ihr Name geht auf das Klacken der Holzschuhe der Arbeiter zurück. Der 103 Stufen zählende Aufstieg wird mit einer Top-Aussicht belohnt.

Gertruden- und Schusterstraße führen zur Oskar-Hoffmann-Treppe. Ein spektakuläres Exemplar mit gewaltigen Mauern, das vom Plateau des Ölbergs schluchtartig über 131 Stufen nach unten führt. Durch den Deweerth'schen Garten weiter bergab ins Luisenviertel über die Deweerth'sche Treppe mit 108 Stufen. Mit der Luisenstraße ist die Schlagader des hippen Luisenviertels erreicht. Hier kann der Tag ausklingen. Oder weiter mit der Schwebebahn bis zum Westende und über die insgesamt 241 Stufen zählende Vogelsauer Treppe sowie die Nützenberger Treppe mit 105 Stufen auf den Hausberg der Elberfelder. Den Nützenberg dominiert der Weyerbuschturm, der sofort an Rapunzel denken lässt, aber leider nicht zu besichtigen ist.

> **FAZIT: DAS RAUF UND RUNTER IST KENNZEICHEN DIESER TIPPELTOUR – UND EIN TOLLES BAUCH-BEINE-PO-TRAINING. GANZ NEBENBEI ERFÄHRT MAN VIEL VON WUPPERTAL.**

DREI DÜSSEL-DÖRFER

… von Gruiten über Schöller nach Düssel

#37

Ein Ortskern wie im Bilderbuch, ein Rittersitz mit Kirche und eine Wasserburg – drei idyllische Dörfer verbunden durch ein Flüsschen, die Düssel. Dazu eine Route, die gerade im Spätherbst faszinierende Einblicke in die Anatomie der Bäume und des Waldes bietet.

#Hexenbesen #Struwelpeter #Sixpackborke #Baumumgarner #Grünspechtpalast

Smaragdgrün leuchten die moosbedeckten Wurzeln wie Dinosaurier-
zehen auf dem Waldboden (links).

Wenn kaum noch ein Blatt am Baum hängt, erlaubt der Wald ganz intime Einblicke in seine Struktur. Was sonst farbenprächtig eingekleidet ist, steht nun nackt in Wind und Kälte. Erst jetzt fallen die wilden Frisuren der Kopfweiden, die unterschiedlichen Borken, gebrochene Bäume, aber auch Größen und Umfang von Stämmen und Ästen deutlich ins Auge. Umgefallene Bäume zeigen ihr Wurzelwerk oder Querschnitte durchs Innenleben der Stämme, auch Herbergen für Insekten und Vögel. Manche kleiden sich mit Moos gegen Frost, andere Bäume werden von Efeu umgarnt. Die Grüntöne bilden verspielt lebendige Hingucker im spätherbstlichen Wald und un-

terstreichen die so eigentümlichen Waldformationen. Einzigartige Zeit für ausgedehnte Waldspaziergänge.

Zum Glück unterstützt die Schlingenform der Route die Betrachtungen des vielleicht schönsten Waldabschnitts entlang der Düssel zwischen Gruiten und Schöller gleich doppelt – zu Beginn als Premiere und zum Ende nochmal neu aus entgegengesetzter Richtung und unter geänderten Lichtverhältnissen. Weiden, Eichen, Buchen oder Birken umsäumen hier Weg und Flüsschen sehr eindrucksvoll und laden dazu ein, sich einfach mal dazwischen zu stellen, als Baum unter Bäumen, an einem Ort ver-

wurzelt, unverändert im Strom der Zeit, unbewegt vom konstanten Wandel der Umgebung.

Doch in puncto malerische Eindrücke können die Düssel-Dörfer durchaus mithalten. Gruiten-Dorf legt zu Beginn die Messlatte schon sehr hoch. Ein Schmuckstück aus bergischen Fachwerkhäusern, Brücken, kleinen alten Kirchen, vieles unter Denkmalschutz. Obwohl gerade eins der neueren Häuser magisch anzieht. Hier befindet sich das Literatur-Café im Dorf (www.cafe-im-dorf.net) mit beachtlicher Kuchenauswahl und Kunstprogramm. Guter Start- und Zielpunkt!

Auch der Gabelpunkt der Tour im nächsten Düssel-Dorf, Schöller, ist nicht minder pittoresk. Hier ist die am Weg liegende Kirche unbedingt eine Besichtigung wert. Die romanische

Wer hat den Namen Düsseldorf verdient? Schöller, Gruiten-Dorf und Dorf Düssel weisen erste Bauten zwischen dem 8. und dem 11. Jahrhundert auf. Die ältesten Kirchen der Landeshauptstadt stammen aus dem 13. Jahrhundert.

Saalkirche beherbergt eine der ältesten evangelischen Gemeinde des Bergischen Landes und besticht durch ihre Schlichtheit, den alten Taufstein und den auch in den alten Grabsteinen verarbeiteten örtlichen Kalkstein. Nicht zufällig, denn gleich um die Ecke liegt das Dornaper Kalkgebiet, in dem schon seit dem frühen Mittelalter Kalkstein abgebaut wird.

Der Wendepunkt der Tour befindet sich im Dorf Düssel. Benannt ist es nach der Wasserburg, dem Haus Düssel – klar, an der Düssel gelegen. Ebenfalls einladend sind die weiteren Lokale, die die Dorfstraße bis zur Kirche säumen. Hier lohnt noch der Blick über das Düsseltal vom Friedhof gleich hinter der Kirche, bevor die Runde auf kurzem Weg zurück über Schöller nach Gruiten führt. Augen-, Wander- und Seelenschmaus bis zum Schluss.

FAZIT: JAHRESZEITLICH GEPRÄGTE ZEITREISE, MIT BESTAUNENSWERTEN ZEITZEUGEN AUS NATUR UND KULTUR.

Hin & weg: RB48 nach Gruiten Bahnhof. Mit dem Auto zu den Wanderparkplätzen in Gruiten-Dorf.

Beste Zeit: Ganzjährig, für Wald-Strukturbetrachtungen November–Februar.

Dauer & Strecke: 5,5 Std., 20 km. Trotz Kälte laden viele Orte und Anblicke zum Verweilen ein, also möglichst früh starten, um vor Sonnenuntergang zurückzukehren.

Ausrüstung: Festes Schuhwerk, wetterfeste Kleidung, Rucksack, Verpflegung.

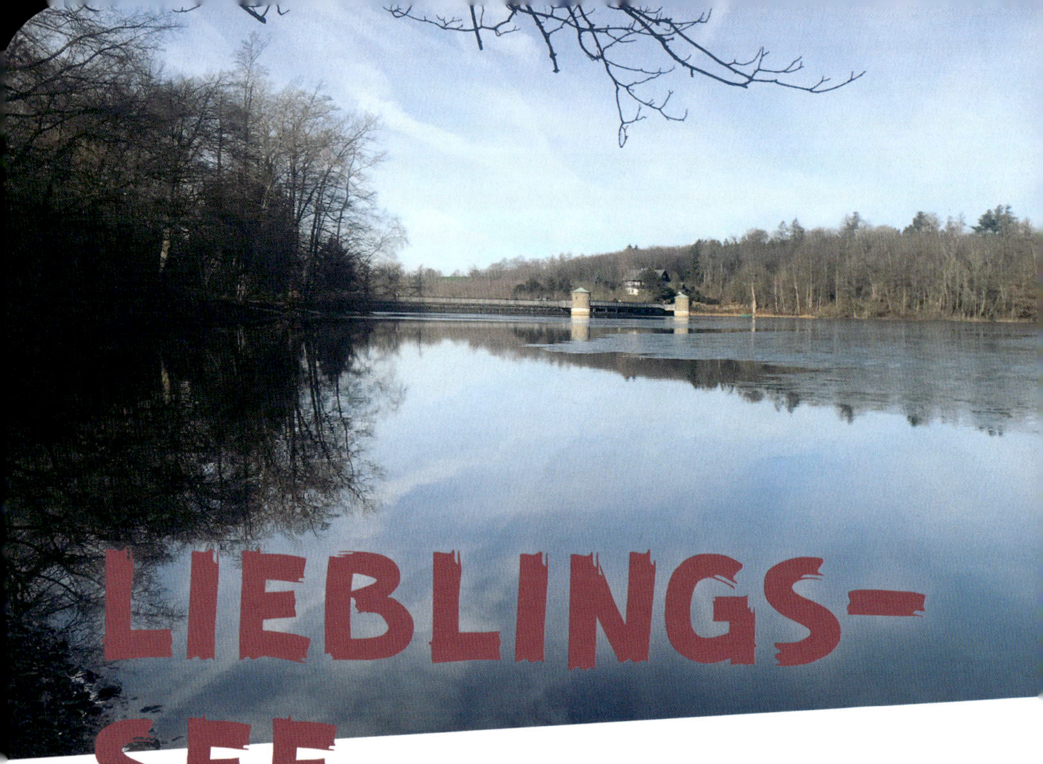

LIEBLINGS-SEE

... rund um die Neyetalsperre mit Abstecher nach Kreuzberg

#38

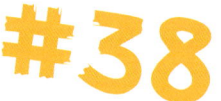

Liebe auf den ersten Blick – das kann die Neyetalsperre auslösen! Ob es die idyllische Lage ist oder der Rundweg direkt am Wasser, der gleichzeitig geborgen im Wald liegt, wer weiß. Diese Talsperre macht einfach Lust, ihr möglichst oft zu begegnen.

#beautyqueen #AudreyHepbhurn #esistLiebe #KreuzbergerNächtesindlang

Wie eine mittelalterliche Stadtmauer wirkt die Staumauer aus Bruchsteinen. Das Sperrbauwerk steht unter Denkmalschutz.

304

303,66 mü NHN
Vollstau Z

303

Bestimmt hat die Anziehung etwas mit dieser stillen, glatten Wasseroberfläche zu tun, den Spiegelungen und glänzenden Lichtreflexionen. Die haben zwar zahlreiche Nachbarinnen auch, aber die Neyetalsperre ist noch stiller, ruhiger, reizvoller, eleganter … ach, einfach hinreißend, eine wahre Naturschönheit. Vom Wupperverband betreut (www.wupperverband.de), ist sie seit 2013 auch Naturschutz-

gebiet. So wird sie und ihre Umgebung gehegt und naturnah gepflegt. Vielleicht hat sie deshalb dieses besondere Etwas?

Am Gasthaus zur Neyetalsperre geht es los, und es ist klug, die Speisekarte erst bei Rückkehr zu studieren. Erst einmal Richtung Wasser gehen! In gut drei Stunden lässt sich die Neyetalsperre auf dem Rundweg umwandern,

Mal komplett ironiefrei: »Still ruht der See« oder »Friede, Freude, Eierkuchen« – passt! In der Stille dank fehlender Kulturgeräusche und bei geteiltem Eierkuchen fällt Alltagsstress ganz von selbst ab.

der auch als Joggingstrecke beliebt ist. Er führt stets nah am klaren Wasser entlang, immer fällt der Blick auf den ruhigen See und gleichzeitig sind da die Bäume, rechts und links, eine Mischung aus Laub- und Nadelgehölz. Instantentspannung. Kein Haus, keine Hütte, nur zur Talsperre gehörende Konstruktionen sind im Ufergebiet zu entdecken. Da ist zum einen die ebenso beeindruckende wie schöne

Hin & weg: Mit dem Auto zum Parkplatz kurz vor dem Gasthaus zur Neyetalsperre. Bus 337 bis Neye Wipperfürth Kirche oder zu Fuß ca. 30 Min. ab Wipperfürth Busbahnhof.

Beste Zeit: Ganzjährig, besonders schön im Spätherbst und Winter für freie Seeblicke.

Dauer & Strecke: 4,5 Std., 17,5 km – ohne Pause. Im Winter früh starten.

Ausrüstung: Festes Schuhwerk, Zeit, um die schöne Talsperre zu bewundern.

über 100 Jahre alte Staumauer und zum anderen der sogenannte Beverblock. Über ihn ist die Neyetalsperre mit der größeren Bevertalsperre zur Linken und der kleineren Schevelinger Talsperre zur Rechten sowie dem Mühlenteich Wasserfuhr durch Stollen verbunden. Sie ist das Herzstück dieser Ingenieurskunst, die eine vorteilhafte Bewirtschaftung der Bevertalsperre ermöglicht.

Über gute Wanderwege lohnt sich der Aufstieg nach Kreuzberg, das sich auf 375 Metern gern als höchstgelegenes Dorf im Bergischen Land präsentiert. Kreuzberg, ehemalige Missionsstelle, ist das größte der sieben Kirchdörfer – richtig: eine Kirche und ein Dorf ergeben ein Kirchdorf –, die zur Hansestadt Wipperfürth zählen. Auch das ist richtig: Hansestadt! Wipperfürth, die älteste Stadt des Bergischen Landes, war Kreuzpunkt wichtiger Handelswege, beispielsweise von Köln bis zur Ostsee. Die Verbindung zur Städtehanse besteht seit dem 14. Jahrhundert, die Genehmigung für die offizielle Bezeichnung Hansestadt seit 2012 (www.wipperfuerth.de). Spannend in Kreuzberg sind die oft sehr persönlichen Geschichten der Häuser und ihrer Bewohner, die es auf Hinweistafeln entlang der Westfalenstraße zu lesen gibt. Auch bezaubernd, mit der Hausnummer 15: Café 19zwölf.

Zurück an der eleganten Talsperre führt der Weg am Nordufer entlang fjordähnlicher Landzungen zu auserlesen hübschen Ruheplätzen. Nahende Abendstimmung gibt dem letzten Wegstück besonderen Charme, um dann endlich an der Staumauer anzukommen und über das Wasser zu gehen. Friedvoll, still und selig ruht der Blick zum Abschied auf dem See. Auf ein baldiges Wiedersehen!

FAZIT: SELIGES WANDERN AN DER SCHÖNSTEN TALSPERRE IM BERGISCHEN ZUM HÖCHSTGELEGENEN DORF IM BERGISCHEN LAND MACHT FRIEDLICH UND HIGH!

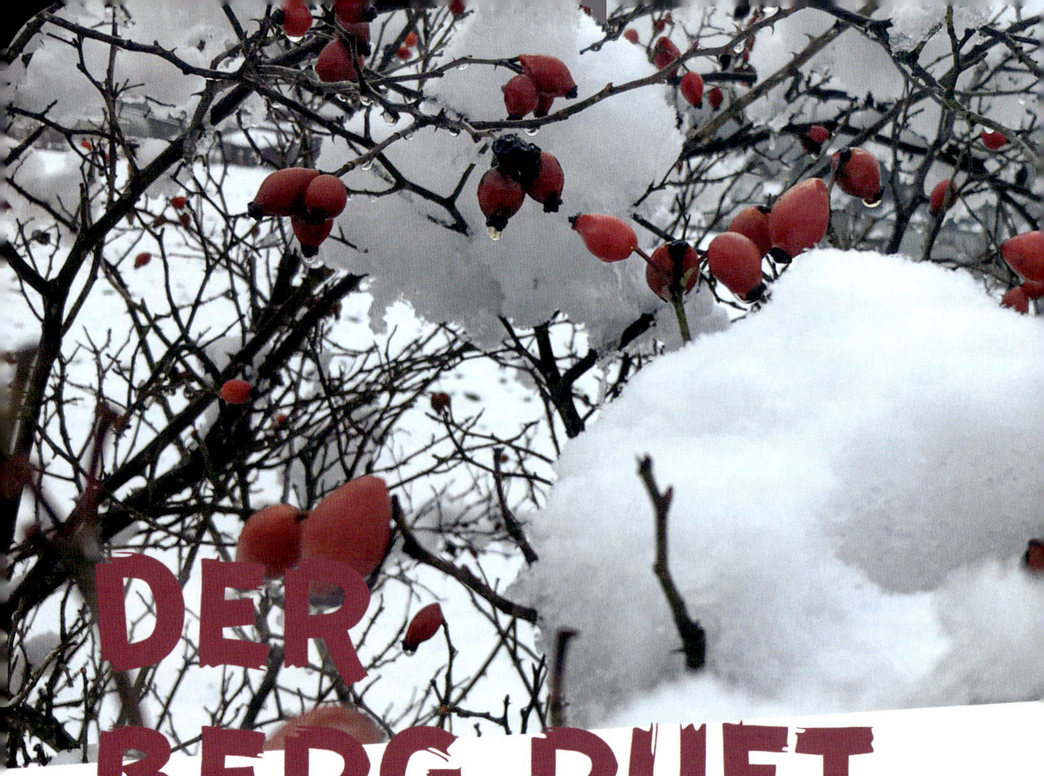

DER BERG RUFT

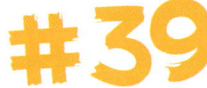

... vom Schlingenbachtal rund um den Heckberg

#39

Reine Natur: Schneearten entdecken auf dem Weg zur höchsten Erhebung im Rheinisch-Bergischen Kreis, dem Kleinen Heckberg! Die Schneeschönheiten wandeln Schneewandern in Schneewundern. So wird es beim Aufstieg im abwechslungsreichen Gelände bei Minusgraden sicher warm – auch ums Herz.

#Gipfeltreffen #Bergdoktor #Wipfelglück #Dreiländereck

Nichts für gepuderte Großstadt-
füße, nur für Puderschneeliebhaber:
SchneeArt auf Ästen oder Baum-
skulpturen entdecken.

Sobald es schneit, will die winterliche Welt besucht werden! Schneeflöckchen leicht und trocken sind herrlich zu beobachten. Nur wechseln sie schnell ihre Form. Das lässt sich leicht auf dem Weg in die Berge verfolgen und so laden die Gebrüder Heckberg und Kleiner Heckberg an Schneetagen zum Gipfelstürmen ein.

Der Höhenunterschied vom Start zum Gipfel von 244 Metern zaubert geübten Klettermaxen nur ein sanftes Lächeln ins Gesicht, einfache Wandersleut' lassen sich dafür beim

Anstieg Zeit für Betrachtungen. Während zu Beginn im Schlingenbachtal nur spärliche weiße Flecken vom Schneefall vergangener Tage zeugen, liegt die weiße Pracht am Heckberg überall, so weit das Auge reicht. Und natürlich verlockt dort der nicht mehr pulvrige Schnee zu Schneeballschlacht und Schneefraubau. Aber das Vergnügen will verdient werden und das bedeutet: Aufstieg!

Gut so, denn die kontinuierliche Steigung wärmt und macht wach für Schneekunstwerke am Rande. Dazu gehört der Bach, der

einzelne Eisstückchen bergab trägt, oder die vereiste Bank bei Rottland – »her kammer jot jatt setzen« –, die im markanten Gewand leider nicht hält, was sie verspricht. Kurios, wie sich der Schnee an Stämmen und Zweigen festsetzt, lustig die Hutformen auf Stümpfen und Bäumchen. Ein Schlitten gehört dazu, um sich zu den rodelnden Familien zu gesellen,

Bei geringen Temperaturen und Minusgraden entladen sich Smartphone-Akkus schneller. Also möglichst nah und warm am Körper tragen! Für den Notfall hilft die gute alte Wanderkarte, für Fotos die Kamera.

die weiten hügeligen Wiesen laden dazu ein. Der kurzweilige Weg bietet jede Möglichkeit, die Schneewanderung zu genießen, und ja, da ist noch etwas … richtig, er streift nur für kurze Strecken kleine Ortschaften. So geht es stets naturnah zum Heckberg. Der hier zu entdeckende alte Horchposten der Bundeswehr soll im Rahmen der Regionale 2025 in ein touristisches Ziel umgewandelt werden (www.regionale2025.de/projekte/heckberg). Freigeräumte Bänke laden zum Betrachten ein.

Der Heckberg ist mit 383 Metern um 35 Meter höher als der Kleine Heckberg. Allerdings liegt der große Bruder im Oberbergischen Kreis, wo der Homert mit 519 Metern als höchster Berg des Bergischen Landes das Sagen hat. Folgerichtig führt die Brüderstraße, Teil des Jakobswegs von Görlitz nach Aachen, zum kleineren Bruder zurück in den Rheinisch-Bergischen Kreis. Der Kleine Heckberg ist hier nicht nur der größte, sondern auch der spektakulärste Berg. Kurz nach dem großen Wanderparkplatz bei Federath gelangt man zum vielleicht atemberaubendsten Aussichtspunkt im Bergischen Land: dem einzigen Panoramablick über die Rheinebene, die Nord-Süd-Achse des Bergischen Landes von Remscheid bis zum Siebengebirge. In der Mitte der Kölner Dom…wenn das Wetter mitmacht!

Zurück geht es durch das Naturschutzgebiet Schlingenbachtal. Warm ist es geworden, zufrieden ist man auch, trotzdem spornt die Vorfreude auf die Einkehr in der Stadtmitte (www.dasverbotenebier.de) in Overath an.

FAZIT: DER KLEINE HECKBERG IST NICHT DER GRÖßTE, ABER DAS SCHÖNSTE ZIEL FÜR RUNDUM ERWÄRMENDE WANDERUNGEN AN KALTEN TAGEN.

Hin & weg: Mit dem Auto zum Parkplatz Breidenaessel am Schlingenbach. Keine gute Anbindung mit ÖPNV, es sei denn als E-Bike-Route ohne Schnee, dann ab Bahnhof Overath, Anreise mit RB25.

Beste Zeit: Ganzjährig besonders für Panoramablicke, im Winter schön mit Schnee.

Dauer & Strecke: 4,5 Std., 17 km – ohne Pause. Im Winter früh starten.

Ausrüstung: Festes Schuhwerk, wetterfeste Kleidung, Rucksack, Verpflegung, heißer Tee – keine Einkehrmöglichkeiten direkt auf der Strecke!

FÜLLE IN HÜLLE

≥ ... in Velbert-Langenberg ≤

#40

Sechs Biohöfe, zwei Sendemasten und eine geheimnisvolle Mühle – perfektes Setting für einen reizvollen Ausflug. Bei Minusgraden unter einer Schneedecke gefroren, zeigen sich die vielfältigen Eigenheiten des Windrather Tals in beredter Stille.

#schlauerBauer #Grusellust&Gänsehaut #Horrortrip #Lindenstraße

Das weiße »n« auf rotem Grund
weist den neanderlandSTEIG aus,
das rote »n« auf weißem Grund die
Entdeckerschleife.

Die Rundtour startet in der Elfringhauser Schweiz. Übersetzt heißt das, es wird idyllisch und bergig, ab und zu auch recht steil! Und das von Anfang an. Dabei sind die Wegmarkierungen der Entdeckerschleife Biohöfe Windrather Tal des Neanderlandsteigs (www. neanderlandsteig.de > Entdeckerschleifen > Velbert) in schneegehüllter Landschaft schon mal leicht zu übersehen. Nebeneffekt: an einer Markierung vorbeilaufen, auf den Höhenweg gelangen und einen schönen Ausblick auf die Langenberger Sendemasten erhaschen.

Hier also sind sie, zwei der ältesten Anlagen für Hörfunk- und Fernsehsender. Seltsam, aber sie strahlen in weißer Umgebung würdige Ruhe aus.

Überhaupt scheint Berg und Tal in feierlicher Stille zu pausieren. Der bezaubernde Weg durchs Deilbachtal folgt dem geheimnisvoll funkelnden Bach, der von Wuppertal kommend der Ruhr entgegenfließt. Im Mittelalter teilte er Herrschaftsgebiete, noch heute gilt er als Sprachgrenze, die sich zum Beispiel an un-

Naturbelassenheit ist gewiss ein Kenn- und Markenzeichen von Bioprodukten. Sie in ihrem natürlichen Umfeld zu entdecken, dort wo sie gepflanzt, geerntet, verarbeitet und vermarktet werden, weckt Appetit und Lebensfreude.

terschiedlichen Aussprachen zeigt. Wenn sich das »r« ins »a« verwandelt, wie in »Schiam«, »Beag«, »Hian«, klingt das nach Ruhrpott, oder? Ganz andere Fragen stellen sich beim Anblick der ausgebrannten Deilbachmühle im eisigen Gewand. Was ist hier passiert? Un-

fall, Mord, Rache, Betrug? Wann? Ist ein Teil noch bewohnt? Einige Antworten lassen sich leicht recherchieren, andere bleiben wohl für immer ungeklärt (www.vergesseneorte.com/ die-deilbachmuehle). Auf jeden Fall entzündet der Anblick wilde Fantasien. Eiskalte Thriller finden hier ebenso wie romantische Mühlen-saga-Serien eine wunderbare Kulisse.

Hin & weg: S-Bahn nach Velbert-Langenberg und von dort mit dem Bus 637 bis Velbert Bergische Schweiz. Mit dem Auto Parkplatz Donnerstraße/Nizzatal am Restaurant Bergische Schweiz, Donnerstr. 63.

Beste Zeit: Für die Stille: Spätherbst und Winter. Prächtig im Frühjahr, an heißen Tagen längere Strecken ohne schützenden Wald bedenken.

Dauer & Strecke: 4 Std., 12,4 km, kurze Betrachtungspausen inklusive, ohne Rast.

Ausrüstung: Festes Schuhwerk, warme Mütze, Rucksack, Jutetasche für Einkäufe.

Der nächste Aufstieg zerstreut und endlich führt der Weg dahin, worum es im Namen geht: zu den Biohöfen im Windrather Tal (www. biohoefe-windrathertal.de). Felder und Weiden ruhen im Winterschlaf unter der Schneedecke, ein unüberschaubar weitläufiges Gebiet, auf dem sich sechs sehr vielfältige Höfe entfalten. Alle einfach unter einen Nenner als Biohöfe zusammenzufassen spiegelt zumindest eine ihrer zentralen Eigenschaften: Gemeinschaft.

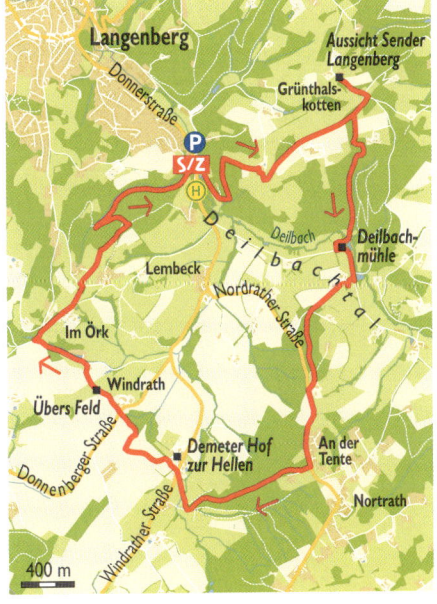

Die Höfe sind miteinander verbunden, sie teilen Geräte und Wissen, Haltung, Verantwortung und versorgen gemeinsam Umgebung, Schulen und Kitas. Und natürlich vermarkten sie ihre Produkte in den Hofläden. Deshalb: unbedingt vor dem Start die Öffnungszeiten von Läden und Hof-Cafés prüfen, um Leib und Sinne natürlich und naturnah zu verwöhnen. Besonders lecker sind die Käsereiprodukte, das Gemüse oder schon fertig verarbeitet die Quiche, mmh, aber auch der Kuchen ... ach, einfach ausprobieren, es lohnt sich! Perfekter Abschluss nach eiskalter Runde.

> **FAZIT: SINNE UND GEDANKEN INSPIRIE-RENDES WANDERN MIT TAGTRÄUMEN AUCH VOM LEBEN IN GENOSSENSCHAFTEN.**

3. KAPITEL
MINIURLAUB

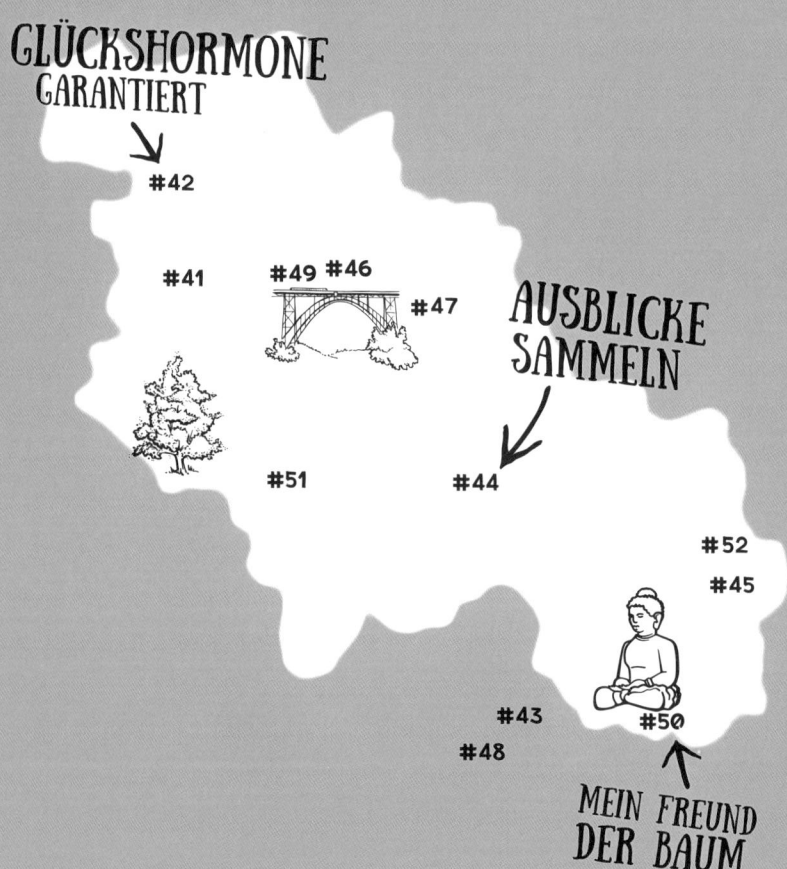

GLÜCKSHORMONE
GARANTIERT

↓

#42

#41

#49 #46

#47

AUSBLICKE
SAMMELN

↙

#51

#44

#52

#45

#43

#48

#50

↑

MEIN FREUND
DER BAUM

Ferien für ein Wochenende

Sich freipaddeln auf der Bevertalsperre, Kühe kuscheln nahe Ruppichteroth oder in Waldbröl in den Baumwipfeln schlafen – ein Wochenende kann sich anfühlen wie große Ferien!

36 H

KLINGEN-WELT-REISE

#41

Winter ade, Radeln juchee! Die große Entdeckerrunde durch Solingen erweckt garantiert Lebensgeister und Sinne aus der Winterstarre. Ob Heidelandschaft, Industrie- oder Fachwerkidylle, die Kulissen sind grandios. Und zum Energieaufladen im Trafohaus übernachten. Einfach perfekt!

Hobelbänke, Fräsmaschinen und Handarbeit sorgten in der Gesenkschmiede für die Qualität der Scheren aus Solingen.

Messer, Gabel, Schere, Licht, damit spielt man in Solingen nicht. Hier werden sie hergestellt und genutzt: Bestecke, exklusives Kochwerkzeug oder Scheren aus der Klingenstadt Solingen sind weltberühmt. Und mit dem Licht passt der Kinderreim in Form von Strom auch, denn in Solingen wird er schon seit 1952 zum Betrieb der Stangentaxis, wie die Solinger ihre Oberleitungsbusse nennen, im öffentlichen Nahverkehr genutzt.

Los geht es mit dem E-Bike am Solinger Hauptbahnhof im westlichen Stadtteil Ohligs in Richtung Südpark in Solingen Mitte, die im Osten liegt. Verwirrend? Ja! Um den Überblick zu behalten, sind die Fahrradstadtpläne und

Der ehemalige Wasserturm: heute ein ausgefalle-
ner Showroom mit genialem Rundumblick aus der
Glaskuppel.

zu Anfang geht es vorbei an der Sternwarte Galileum im Kugelgasbehälter, ein steiler Abstecher führt zum originellem Laurel & Hardy Museum im Walder Kotten, und von der Gesenkschmiede Hendrichs will zumindest der Hof besucht werden.

Obwohl am ersten Tag ausschließlich auf der Korkenziehertrassen-Tour geradelt wird, hat sie es auch sportlich in sich. Im zauberhaften Lochbachtal geht es ordentlich rauf und runter, bis der Startpunkt der Korkenziehertrasse am Südpark erreicht ist. Auch er lässt den Entdeckergeist jubeln: Neben dem Museum Plagiarius finden sich in ehemaligen Güterhallen Ateliers und Künstlerwerkstätten, die viel Eigenwilliges zeigen, auch kulinarisch. Jedoch lohnt es, den großen Hunger für den Abend aufzusparen. Das Trafohotel liegt nur wenige Meter vom historischen Zentrum Gräfraths entfernt, das mit Brauhaus, Spanier oder Kaffeehaus lockt. Ein Bummel vor oder nach dem Essen durchs denkmalgeschützte Zentrum und rund ums ehemalige Klostergebäude, jetzt Klingenmuseum, ist obligatorisch. Bei gutem Timing lässt sich hier auch der Sonnenuntergang vor der Gräfrather Klosterkirche erleben, traumhaft.

Tourenkarten der Stadt Solingen (www.rad fahren.solingen.de) Gold wert. Denn es gibt so viel am Wegesrand zu entdecken: Gleich

In den Hütten wohnt das Glück, sagen die Schlösser! So verleitet der Wandspruch im Hotel Trafohaus zu glückvollem Schlaf. Frisch aufgeladen und köstlich gefrühstückt geht es am Morgen über die Schleife der Panoramatour zum höchsten Punkt Solingens, dem faszinierenden Lichtturm. Von dort zurück auf die Korkenziehertrassen-Tour, die

Die Mollige von Max Kratz hockt vor dem Kunstmuseum Solingen. Original oder Fälschung? Im Museum Plagarius dreht sich alles um die Beantwortung dieser Frage.

am Ende wieder hügelig durchs Ittertal führt. Und weil die Natur so schön und abwechslungsreich ist, will vor der Rückreise die Ohligser Heide erobert werden. Auch ohne Blüte eine beeindruckende und plötzlich so andere Landschaft. Kaum zu glauben, wie viel Herrliches es an zwei Tagen zu erleben gibt! Rundum genährt von viel Schönem geht es mit viel frischer Energie und Inspirationen zurück nach Hause.

Hin & weg: RE7, RB48 oder IC(E) bis Solingen Hauptbahnhof (Solingen-Ohligs). Parkmöglichkeiten am Bahnhof.

Beste Zeit: Eröffnung der Radsaison im späten Winter oder frühen Frühjahr. Bei Sonnenschein kann es an Wochenenden auch mal voller auf der Trasse sein.

Dauer & Strecke: Ein Wochenende, 2 Tage oder beliebig mehr für Entdeckergeister. Gut 54 km auf nicht nur einfacher Radstrecke.

Ausrüstung: E- oder »Bio«-Bike, auf jeden Fall geländegängig. Fahrradtaschen fürs Gepäck, Regenumhang passt immer. Ladegeräte fürs Mobiltelefon und den Fotoapparat nicht vergessen! E-Bike vorher voll aufladen.

Wenn es Nacht wird: Ein Kleinod der besonderen Art: www.hotel-trafohaus.de. Alles, was man braucht, auf nur 25 m², inklusive offenem Kamin! Köstliche Verpflegung vom Kaffeehaus. Hier möchte man einfach länger bleiben. Unbedingt die Bücher durchstöbern!

GLÜCKS-HORMONE GARANTIERT

⤜ ... in Mettmann ⤛

#42

Frühlingserwachen jetzt! Die Tagundnacht-gleiche um den kalendarischen Frühlingsan-fang am 20. März will bewusst erlebt wer-den. Die Natur zeigt, wie: zart und kraftvoll zugleich. Ein Wochenende im und um das Land Gut Höhne im Neandertal bietet den zauberhaften Rahmen für diesen ursprüng-lichen Neuanfang.

Gibt es in Japan auf Rezept: Waldbaden. Einfach mal einen Baum
umarmen und seine Kraft auftanken.

Das »Herzlich Willkommen« am Eingang des Land Gut Höhne wird zum Herzöffner. Ob es an dem historisch so bedeutenden Neandertal, den organischen Gebäuden oder einfach der klaren Frühlingsluft liegt, wer weiß. Auf jeden Fall ist das BioHotel ideales Zentrum für ein gelungenes Frühlingserwachen. Denn wer sehnt sich nicht nach rauen Wintertagen, Körper, Sinne, Geist sanft zu erwecken? Das

gelingt hier ganz ursprünglich in herrlicher Umgebung, und zwar mit einer simplen Zauberformel: Achtsamkeit. Einfache Übung, Kunststück oder überbewerteter Modebegriff? Am besten selbst herausfinden!

Zum Einstieg geht es auf eine kurze Wanderung ins stille naturbelassene Stinderbachtal. Wohltuend, die frische Luft auf der Haut, das

Plätschern des Bachs, die Vogelstimmen. Die Sinne erwachen. Prima Vorbereitung für den Nachmittag, denn dann steht Walden im großzügigen Park von Gut Höhne auf dem Programm. In Japan ist Waldbaden, oder Shinrin-Yoku, eine anerkannte Therapieform für gestresste Städter. Der Trend hat sich international durchgesetzt, die Erfahrung kann

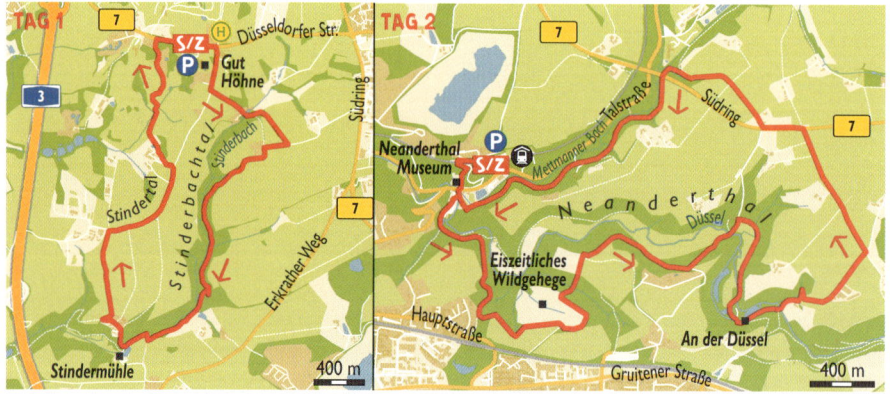

Funde von über 64 000 Jahre alter Höhlenmalerei legen den Verdacht nahe, dass sie von Neandertalern stammen. Ein weiterer Beweis der Gemeinsamkeiten von *Homo neanderthalensis* und *Homo sapiens*?

jeder machen: Intensives Betrachten, Berühren von Pflanzen und Bäumen bündelt die Aufmerksamkeit und entspannt unerwartet rasch. Präsenz entsteht, willkommen im Jetzt! Genau das ist Achtsamkeit: den Moment mit allen Sinnen, Körper und Geist erleben. So kann der Frühling erwachen!

Das vielfältige Live-Cooking-Buffet am Abend lässt keine Wünsche offen, der Mensch fühlt sich rundum verwöhnt. Nur eine Kleinigkeit fehlt noch für die frühlingshafte Erneuerung: winterliche Gewohnheiten verabschieden und kreativ verwandeln. Das gelingt perfekt beim Feuerritual draußen an der Feuerstelle. Egal ob ganz für sich oder in geselliger Runde, greifen alle früher oder später gern zum bereitgelegten Stift und Papier. Was will losgelassen und verabschiedet werden? Aufschreiben und dem Feuer übergeben. Die Flammen zeigen, wie es geht: leuchten, verwandeln und Raum für Neues schaffen.

Am ersten Frühlingsmorgen folgt wohlig entspanntes Erwachen. Ob es am Zirbenholzbett liegt? Möglich. Beim Qi Gong im Park festigt sich das Empfinden, dass sich bereits etwas verändert hat. Im Zentrum der Übungen das Element Holz, das im Qi Gong für Kreativität und Wachstum, eben für das Frühjahr steht. So sind die Abläufe zart und kraftvoll wie die Natur selbst in anmutiger Balance. Kostbar. Die anschließende Wanderung ist in frühlingshafter Stimmung ein ganz einzigartiges Erlebnis. Auf dem Teilstück des Evolutionspfades

(www.mettmann.de/web/?page_id=10250) nähren die neuen Erfahrungen das Erleben der urzeitalten Natur. Nach einem Wochenende im Neandertal ist der Neustart im Frühling gelungen und herzlich willkommen!

FAZIT: PERFEKTES FRÜHLINGSERWACHEN! ABER VORSICHT, NICHT VERGESSEN: WENN DIE SEELE NOCH IM WALD BADET, UMARMEN, SANFT EINPACKEN, MITNEHMEN.

Hin & weg: Von Düsseldorf Hbf mit dem Bus 738 in Richtung Mettmann bis Haltestelle Mettmann Lindchen, von Wuppertal mit S28 bis Mettmann Hbf und mit dem Bus 738 in Richtung Düsseldorf Hbf bis Mettmann Lindchen. Am Sonntag von Mettmann Hbf zum Bahnhof Neandertal mit der S28 oder gleich vom Hotel aus loswandern. Parkmöglichkeiten am Hotel und am Bahnhof Neandertal.

Beste Zeit: Frühlingserwachen oder jeder andere Zeitpunkt zum Krafttanken und Inspirationensammeln.

Dauer & Strecke: Ein Wochenende, 2 Tage oder beliebig mehr für den eigenen Frühjahrsputz. Wanderung am ersten Tag 2 Std. für 8 km, am zweiten Tag ab Bahnhof Neandertal 2,5 Std. für 9,5 km. Der Neandersteig bietet vielfältige Wandermöglichkeiten, hier insbesondere die Entdeckerschleifen rund um Mettmann (www.neanderlandsteig.de/wanderetappen).

Ausrüstung: Wander-Outfit, Badeanzug, bequeme Sportkleidung, Offenheit, Neugier.

Wenn es Nacht wird: Das ganzheitlich ausgerichtete Wellness- und Bio-Hotel weiß zu inspirieren. Das familiengeführte Hotel gibt großzügigen Raum zum individuellen Frühlingserwachen (www.guthoehne.de).

HIMMLISCH SCHÖN

⇒ ... rund um Ruppichteroth ⇐

#43

Ruppichteroth wurde gleich mehrfach im Wettbewerb »Dorf mit Zukunft« prämiert. Hinreißend der Ort mit seinen wunderschönen Fachwerkhäusern, ebenso die Nachbardörfer Schönenberg und Winterscheidt. Die Entscheidung, wo es losgehen soll, fällt schwer oder ganz einfach vom Himmel.

#Tippelbruder #Kuschelparty #HimmeloderErde #unterDach&Fach #Kraut&Rüben

Regenlied und Bergische Weisheit: Es regnet, es regnet, der Kuckuck wird nass, bunt werden die Blumen, und grün wird das Gras.

Die Wahl fällt auf den Hauptort der drei Schönheiten, Ruppichteroth, die Perle des Bröltals. Das Dorf verdankt seinen Beinamen der Flussperlmuschel, die noch bis vor 300 Jahren in der Bröl lebte. Zwar präsentiert sich der Zufluss zur Sieg heute sehr rein, nur Perlen gibt es leider nicht mehr. Dafür immer noch schönste Fachwerkhäuser und einen Streifzug, der in die Geheimnisse der Zimmerleute einweiht. Wie sie aus Balken, Lehm und Mist – ohne Schrauben und Nägel – die frühen bergischen Häuser bauten, ist Thema des Fachwerkwegs, der mitten im Dorf am Burgplatz startet. Die Vorfreude ist groß. Doch kaum am Startpunkt angelangt, zieht sich der Himmel zusammen, nur um entgegen aller Vorhersagen seine Schleusen zu öffnen! Es regnet in Strömen, was nun? Das Zeichen des Himmels annehmen und Plan B hervorzaubern: Kühe kuscheln!

Vor einigen Jahren kam auf dem Neuenhähnener Hof ein Kalb zur Welt, das nicht stehen konnte, aber einen enormen Lebenswillen zeigte. Sissy ward es getauft und die Hoffamilie trug das tapfere Tier herum, kuschelte es. Als es sehr jung verstarb, war die neue Lebensaufgabe der Hofbewohner geboren: Nähe, Kraft, Ruhe mit Tieren zu erfahren und zu teilen. Mittlerweile sind Schafe, Pferde und Alpakas mit dabei und die Rendezvous mit dem riesigen Ochsen Valentino haben

schon Heiratsanträge hervorgelockt. Großartig, wie die Tiere Herzen öffnen. Mit Ochse Bambi im offenen Stall zu kuscheln, während der Regen aufs Stalldach prasselt, ist auf jeden Fall beglückend. Und: Emotionen machen hungrig. Das nah gelegene Kräutercafé (www.kraeutercafe.com) verführt zu Spaghetti mit Fichtenspitzen-Pesto, lecker! Hier können auch Kräuterwanderungen gebucht oder köstlich gefüllte Picknickrucksäcke geliehen werden. Himmlische Idee fürs nächste Mal bei Sonnenschein!

Hin & weg: Es lohnt, diese Tour mit dem Auto zu unternehmen. Ansonsten ab Köln mit RE9 nach Hennef, dann mit dem Bus 530 nach Ruppichteroth. Hier ggf. ein E-Bike leihen (www.ralfs-radservice.de).

Dauer & Strecke: Ein Wochenende zum Erkunden von Ruppichteroth und seinen ebenso schönen Ortsteilen Schönenberg und Winterscheidt. Überall: gute Einkehrmöglichkeiten. Wanderungen: Streifzug 22, Fachwerkweg 11,5 km in 3,5 Std. Die Wanderung Auf den Spuren von Kalk und Erz abgekürzt auf 12,8 km in 4 Std. Fürs Kuhkuscheln mindestens eine Stunde, um den Hof kennenzulernen mindestens einen halben Tag einplanen.

Beste Zeit: Frühjahr–Winter. Am besten dem Himmel vertrauen.

Ausrüstung: Schirm, Regenhose und Regenjacke, wahlweise Regencape – Grundausrüstung im Bergischen. Festes Schuhwerk zum Wandern. Kleidung, die Tierhaare verträgt.

Wenn es Nacht wird: Private Unterkünfte im Ort. In der Nachbarschaft: im Bauwagen auf dem Neuenhähnenerhof (www.Sissykuhkuscheln.de) oder in Helten, Waldbröl im Zirkuswagen mit Sauna (www.fewo-direkt.de/ferienwohnung-ferienhaus/p2792376). An beiden Orten Aussicht mit Schafen und Kühen genießen!

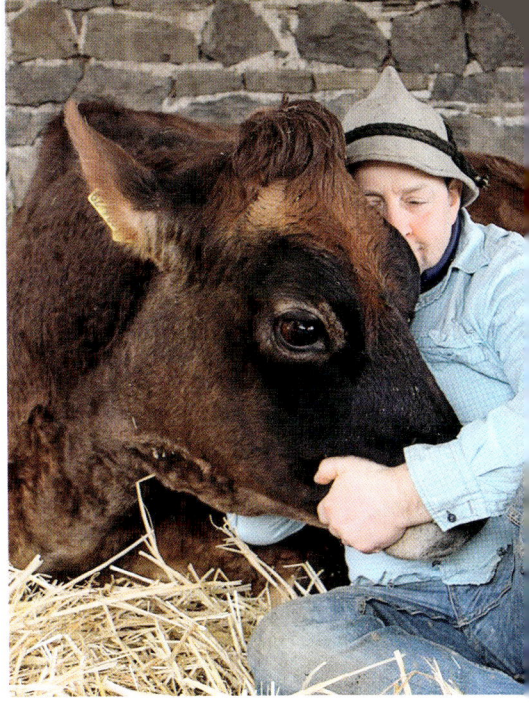

Das Hänscheider Wegekreuz ist gegen den Mairegen bestens geschützt. Eindrücklich zeigt es Arma-Christi-Darstellungen, Hammer, Nägel und Zangen sowie Hände und Füße mit Einschlagwunden.

Gemütlich ist es im urigen Bauwagen, die gekuschelten Kühe ruhen nebenan. Der Hahn weckt früh aus wohligem Schlaf. Überraschend laut zwitschern jetzt schon so viele Vögel! Also die BirdNET-App aufrufen und die munter machenden Sänger erkennen: Singdrossel, Rotkehlchen, Amseln sind alle schon vor Sonnenaufgang da. Und weil Frühlingsregen doch Segen, Schönheit und Wachstum bringt, geht es dann los auf den Spuren von Kalk und Erz (www.bergisch-hoch-vier.org) nach Hänscheid in ein bezauberndes Waldgebiet. Bis in die 1950er-Jahre wurde hier Kalk abgebaut, danach der Bereich der Natur überlassen. Folge: zwei der orchideenreichsten Waldnaturschutzgebiete des Bergischen Landes. Der Weg hat es mit ordentlichen Steigungen allerdings in sich. Nach kurzem Abstecher zur Ruine der Burg Herrenbröl ist Abkürzen Richtung Gut Fussberg (www.gutfussberg.de) angesagt. Das lockt mit Bio-Hofladen und Rent-a-Chicken-Angebot: Für ein Jahr ein Huhn adoptieren! Beseelt geht es zurück im warmen Maienregen!

FAZIT: SCHÖNE DÖRFER IN VIELFÄLTIGER NATUR MIT ÜBERRASCHENDEN TIERISCHEN MÖGLICHKEITEN IN DER UMGEBUNG. BESONDERS!

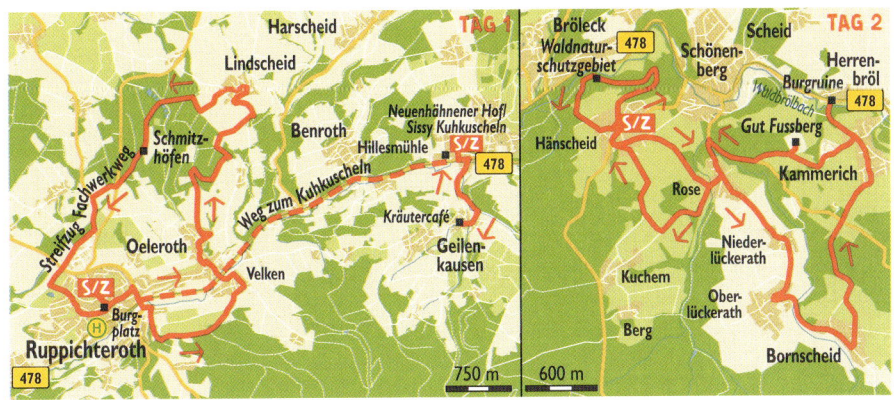

AUSBLICKE SAMMELN

⊰ ... von Lindlar nach Kürten ⊱

#44

Der Bergische Panoramasteig hält, was sein Name verspricht: schönste Aussichten auf malerischen Pfaden in einer Runde von 244 Kilometern in zwölf Etappen durchs Bergische Land. Dabei führt ein Abschnitt von einem reizenden Ort zum nächsten. Helle Begeisterung bei so viel Schönheit!

Auch in der Popkultur ein
Star: Auf dem Beatles-Cover
von »Sgt. Peppers« ist Karlheinz
Stockhausen in oberster Reihe.

Perfekter Wochenendplan: eine Etappe des Panoramasteigs und einen Zielort erkunden (www.bergisches-wanderland.de > Bergischer Panoramasteig). Bei der zweiten Etappe mit rund 21 Kilometern Länge, inklusive Zuweg, bieten sowohl Lindlar als auch Kürten 1001 Entdeckungsmöglichkeiten. Also gleich aufs Wesentliche konzentrieren: Wandern!

Ideal ergibt sich die Anreise nach Kürten-Biesfeld. Das typisch bergische Hotel zur Post liegt nah an der Bushaltestelle und wartet am Abend mit Köstlichkeiten in schöner Gartenwirtschaft. Das Ziel ist also klar vor Augen. Aber zuvor heißt es früh loslegen, um den Bus nach Lindlar zu erwischen. Dort führt der Zuweg zum Panoramasteig durch den Lindlarer Freizeitpark und vorbei am LVR-Freilichtmuseum, beide eine gesonderte Reise wert! Danach wird es einsam, das heißt Einkehrmöglichkeiten liegen nicht auf dem Weg. Nach dem faszinierenden Teilstück des Sülzbahn-Steigs mit seinen Brücken wird der Pfad nun oft eng. Dank an die Wegepaten des Bergischen Wanderlandes, die mit ihrer Arbeit durchgehend unbeschwertes Wandern ermöglichen: Überall finden sich leicht erkennbar die gelben Streckenzeichen. So lässt sich der Steig genießen, das Summen der Insekten, der frische Duft der Gräser, die immer wieder überwältigend schönen Aussichten und die beschaulichen Gehöfte am Wegesrand. Sorgloses Wandern zu Baumschönheiten, die zum Picknicken einladen. Wilde Blüten, die frei-

Ausschau halten, Ohren spitzen! Von Natur aus beste Wegbegleiter für Wanderungen.

seinem Werk, sind präsent. Passend schließt sich eine Runde auf dem wunderschön gelegenen Wald-Kreuzweg an. Zurück geht es durch den Kürtener Ortskern zum Gut Hungenbach. Die großzügige Hotelanlage ist um Fachwerkgebäude bereichert, die hierher transloziert wurden. So stand etwa das Kutscherhaus aus dem 17. Jahrhundert ursprünglich in Schildgen bei Odenthal. Prunkstück ist jedoch das Jung-Stilling-Haus, das auf den

giebig ihre Schönheit bloßlegen. Innerliches Jauchzen! Doch nach sechs Stunden Wandeln ist auch der erste wohlverdiente Schluck Kaltgetränk eine Offenbarung. Der Körper feiert seine Leistung, fast so ein prickelndes Gefühl wie auf der Strecke.

Am Sonntag geht es mit dem Bus nach Kürten und zum Waldfriedhof, wo der berühmte Komponist Neuer Musik und Vater der Techno-Generation Karlheinz Stockhausen (www.karlheinzstockhausen.org) ruht. Kürten, die Stockhausen-Gemeinde, zeigt sich stolz auf ihren Ehrenbürger, dem als Grabmal ein besonderes Kunstwerk gewidmet ist. Darauf ist die Licht-Formel aus seinem Werk »Mittwoch des Opernzyklus Licht« notiert. Zum Verständnis braucht es mehr als laienhaftes (Musik-)Wissen. Doch geht etwas Besonderes von dieser Stele aus, Licht und Raum, wie in

Hin & weg: Mit S-Bahn und Bussen möglich, einfacher mit dem Auto. Parkplatz am Hotel. Anreise nach Kürten: Mit der S11 bis Bergisch-Gladbach, danach Bus 426 bis Kürten-Biesfeld, Offermannsheider Str., wenige Meter zum Hotel zur Post. Auf jeden Fall beachten: Bus 335 von Kürten-Biesfeld nach Lindlar fährt nur alle 2 Std. und das auch nur für 8 Fahrgäste! In Lindlar an der Haltestelle Königsberger Str. aussteigen, Zuweg zum Panoramasteig; sonntags Bus 426 von Kürten-Biesfeld bis Kürten Rathaus.

Beste Zeit: Sommer, Sonne, Sonnenschein. Generell März–Oktober.

Dauer & Strecke: 6 Std. für 21 km am Samstag und 3,5 Std. für 11 km am Sonntag, jeweils reine Gehzeit.

Ausrüstung: Verpflegung für den ersten Tag vorbereiten. Ausreichend Flüssigkeit mitführen, Abfallbeutel für Verpackungen, Schalen, etc. Und: Es lauert Brennnesselgefahr, lange Hosenbeine sind keine schlechte Option!

Wenn es Nacht wird: Hotel zur Post (www.zurpost-biesfeld.de). Schöne Zimmer in altem Fachwerkhaus, bergische Küche. Ideale Lage für An- und Abreise! Einkehr zum Abschluss im Gut Hungenbach (www.gut-hungenbach.de) oder urig bei Hähnchen Ewald (www.haehnchen-ewald.de).

Vom oberbergischen Lindlar ins rheinisch-bergische Kürten – unbemerkt erfolgt die Grenzüberschreitung. Dabei immer wieder Ausblicke, die zum Innehalten einladen, und andere, die das Tempo zum Ziel erhöhen.

Bergischen Schulmeister, Freimaurer und Freund Goethes verweist. Ein Juwel, Mini-Freilichtmuseum. Zurück nach Biesfeld geht es beschaulich. »Nur wo du zu Fuß warst, bist du auch wirklich gewesen!« Goethe trifft es passend, Kürten bleibt in bester Erinnerung.

FAZIT: SCHÖNSTES WANDERGEBIET, INSPIRIERENDE ZEITGESCHICHTLICHE ZEUGNISSE AN DEN WEGESRÄNDERN UND IN DEN ORTEN. SPORTLICH APART!

MINIATUR-WELTEN

≥ ... auf dem Ponyhof in Hübender, Wiehl ≤

#45

Horsemanship umschreibt, was den Pferdemenschen ausmacht: Reitkunst, fairer Umgang mit Tieren, Natur, Umwelt und Mitreitern. Wer das gelernt hat, findet es auch, das höchste Glück der Erde auf dem Rücken der Pferde. Der Ponyhof bietet allen Altersklassen einen Einstieg dazu!

#Hottemax #Bibi&Tina #Fehlschlägeeinlochen #Schlagfertigkeit

Herzensfreunde haben samtige Nüstern, weiches, einzigartig duftendes Fell und Augen, die nicht lügen können.

Ist das Leben ein Ponyhof? Idyllische Landschaft, Streichelzoo und entzückende Ponys sprechen auf dem Ponyhof Knotte (www.hotel-ponyhof.de) eindeutig dafür. Hübsch die kleinen Shetlandponys, die allerdings oft eigenwilliger als ihre kaltblütigen großen Kumpel sind. Clever, wie sie sind, übernehmen sie gern selbst die Führung hin zum nächsten saftigen Grün. Dabei sitzt ein vergnügt glucksendes Kind stolz im Sattel und nachgebende Erwachsene nutzen die Zeit zum Picknick. Win-Win-Situation, und damit ist auch schon der Einstieg ins Ponyhofleben geschafft. Herzlich willkommen!

Im Stall wuseln emsig Jugendliche, die lernen, worauf es ankommt: Boxen ausmisten, Stallgasse fegen, Pferde putzen, Sättel, Zaum-

zeug, Geschirre pflegen. Und dann wird es auch schon spannend, denn welches Pferd ist nun zum geplanten Ausritt eingeteilt? Pferdemenschen, die schon länger nicht mehr im Sattel gesessen haben, tun wohl daran, nicht nur das Pferd, sondern auch die Mitreitenden vorher kennenzulernen, bevor es in den Sattel und ins Gelände geht. So stellen sich schneller Vertrautheit und Glücksmomente auf dem Rücken der nervenstarken Kaltblüter

Haflinger, Kaltblüter und kräftige Warmblüter stehen Erwachsenen zum Ausritt zur Verfügung. Trittfest, gelassen und ruhig tragen sie durch das herrliche Gelände rund um Hübender.

ein. Weich und kraftstrotzend zugleich tragen sie die glücklichen Zweibeiner durch die schöne Umgebung. Rundum hilfreich ist dabei die orts- und pferdekundige Begleitung, die Wege und Pferde mit ihren Eigenheiten kennt. So wird der Panoramaweg im Schritt ebenso berückend wie die Galoppstrecke im Wald. Die Beinmuskeln freuen sich jedoch nach einer Stunde Ausritt erst einmal, wieder von eignen Füßen getragen zu werden. Nun heißt es absatteln, abtrensen, abtasten, Hufe auskratzen und das Pferd zurück in den Stall oder gleich auf die Weide bringen. Und Dankeschön sagen zu den neuen Herzensfreunden!

Denn gleich geht es weiter. Nicht weit vom Hof bietet sich die Entdeckung einer anderen Miniaturwelt an: Die schön angelegte Minigolfanlage im Nümbrechter Kurpark. Auch im Kleinformat ist es gar nicht so leicht, die Bälle einzulochen. Lustig, die wechselnden Hindernisse zu umspielen und das Eigenleben der Bälle zu entdecken! Das gelingt, bis der Hunger schnelle Abschlüsse befiehlt. Außerdem wollen die Pferde noch am Abend auf der Weide beobachtet werden. Auch das ist Glück!

Am Sonntag lohnen nach dem morgendlichen Ausritt ein Abstecher zur Bonte Kerke in Marienhagen mit frühgotischen Wandmalereien und eine Wanderung zur Wiehltalsperre. Der Weg zur berühmten Krombacher Insel ist ab dem Parkplatz beim Mühlencafé Nespen (www.muehlenfreunde-nespen.de) ausgeschildert. Allerdings dient die Talsperre der Trinkwasserversorgung, sodass man nicht bis ans Wasser herankommt, die Insel teils verborgen bleibt. Durst auf eine Erfrischung macht sie aber doch. Wohlverdient die Einkehr zum Schluss!

> **FAZIT: DAS LEBEN IST EIN PONYHOF – VOLL MIT SCHÖNEN KLEINEN DINGEN UND WESEN, DIE ES ZU ENTDECKEN, BEWUNDERN UND RESPEKTIEREN GILT! FÜR DIE GANZE FAMILIE.**

Hin & weg: Mit dem Auto, Parkplätze beim Ponyhof. Wer nur auf dem Hof bleibt, kann auch mit RB25 bis Gummersbach Dieringhausen und von dort mit dem Bus 302 bis Wiehl, Römerstraße fahren. Zum Minigolfen und für die Wanderung zur Krombacher Insel wird das Auto gebraucht. Parkplatz am Kurpark und beim Mühlencafé.

Beste Zeit: Frühling–Herbst, möglichst nicht zu heiße Tage. Da bleiben auch die Pferde lieber im Schatten.

Dauer & Strecke: Ein Wochenende. Ausritte geführt 1 Std., Planwagenfahrten nach Absprache. Minigolfen je nach Personenzahl ca. 2 Stunden einplanen. Wanderung an der Wiehltalsperre 5,5 km, 1,5 Std.

Ausrüstung: Eigene Reitkleidung oder Reitkappe (kann auch ausgeliehen werden), feste Schuhe mit kleinem Absatz, Reithose (wenn vorhanden). Kleidung, die Tierhaare nicht magisch anzieht und wenn doch, das auch darf.

Wenn es Nacht wird: Sehr einfache Übernachtung am Ponyhof mit Biergarten und Restaurant. Übernachtung nahebei im www.bierenbacher-hof.de. Weitere Einkehrmöglichkeiten: gut und lecker gleich neben der Erzquell-Brauerei in Wiehl-Bielstein, Haus Kranenberg (www.haus-kranenberg.de), und natürlich das Mühlencafé Nespen.

WILDE SCHÖN-HEITEN

 ... rechts und links vom Morsbach

#46

Schön, dass es sie gibt: Naturfreunde-häuser! Das Haus am Hülsberg liegt eingebettet in wildromantische Natur und Spuren der regionalen Geschichte. Mit E-Bike und Wanderschuhen geht es über Trassen, zu Kotten und Deutschlands kleinstem Straßenbahnbetrieb auf den Fährten der Werkzeugmacher.

#Kottenbutter #großeTerz #Grenzgänger #CaféHubraum #überdieWuppergehen

V Wt.-Vohwinkel V

107

Von der Kohlfurt bis zur Haltestelle Greuel am NFH dauert es 14 Minuten. Vier Haltestellen liegen auf der Strecke.

Da, wo der Morsbach Wuppertal, Remscheid und Solingen trennt, erzählt sein Tal von der gemeinsamen Geschichte der Bergischen Drei (www.bergisch-mal-drei.de). Zahlreiche Relikte der frühindustriellen Entwicklung im Morsbachtal munden in Betriebe der Werkzeugindustrie, die bis heute weltweit führend sind. Zeitzeugen sind auch die Wohngebäude, vom Fachwerkhaus über mondäne schieferverkleidete Exemplare bis hin zur prächtigen Fabrikantenvilla. Während sich Fachwerkhäuser im Bergischen Dreiklang durch schwarze Balken, weißes Gefache und in Bergisch Grün gestrichene Fensterläden und Türen ausweisen, kommen viele der Schieferbekleideten mit schmuckvollen Fassaden im Bergischen Barock-Stil daher.

Zu einigen Paradebeispielen führt die Tour gleich am Anfang vom Remscheider Bahnhof über die ebenso schön wie informativ gestaltete Werkzeugtrasse. Im Stadtteil Hasten finden sich wahre architektonische Schmuckstücke gleich in der Nähe des einzigartigen Deutschen Werkzeugmuseums (www.werkzeugmuseum.org). Von dort geht es bergab zum wild rauschenden Morsbach, um auf der anderen Seite bergauf zum Naturfreundehaus in Wuppertal-Cronenberg zu gelangen. Ankommen in stiller Idylle! Das Haupthaus wird

Ziel der Regionale 2006 der Bergischen Drei war es, den Strukturwandel voranzutreiben. Die Werkzeugtrasse in Remscheid zählt wie die Sambatrasse in Wuppertal zu den vielbefahrenen Ergebnissen.

am Wochenende ehrenamtlich bewirtschaftet: naturfreundlich, nachhaltig und sozial, ganz im ursprünglichen Sinn. Die reizvolle Lage lädt zum ruhigen Abend im urtümlichen Ambiente ein.

Am Sonntag wandelt sich das Bild. Die Museumsbahn fährt den Berg von der Kohlfuhrt zum Naturfreundehaus (NFH) hoch, der benachbarte Manuelskotten (www.manuelskotten.de) hat seine Türen geöffnet. Also rein in die Wander-

---

Hin & weg: Ab Wuppertal oder Solingen S7 bis Remscheid Hbf. Zurück am zweiten Tag mit der S7 ab Remscheid-Lüttringhausen Bf. Wer mit dem Auto anreist, kann es in Remscheid im Parkhaus Brücken-Center abstellen. Am 2. Tag dann von Lüttringhausen rund 7 km zurück nach Remscheid radeln.

Dauer & Strecke: Von Remscheid zum NFH mit dem Pedelec 1 Std., 15 km. Wanderung zum Straßenbahnmuseum via Manuelskotten rund 45 Min. für 2,5 km. Rückweg mit dem Pedelec zum Bahnhof Lüttringhausen 1 Std., 16 km – alle Angaben ohne Pausen.

Beste Zeit: April–Oktober, denn dann fahren die Straßenbahnen und der Manuelskotten öffnet

die Türen. Aber nicht jeden Sonntag, also vorher unbedingt den Fahrplan prüfen unter www.bmb-wuppertal.de

Ausrüstung: Pedelec und feste Wanderschuhe! Steigungen und Gelände haben es in sich. Wer abends grillen möchte, findet auf dem Weg in Hasten alles, was Herz und Magen begehren.

Wenn es Nacht wird: Naturfreundehaus Am Hülsberg (www.naturfreunde-cronenberg.de). Freundliche Bewirtschaftung, saubere, einfache 2- und 4-Bett Zimmer. Alle Fragen und Wünsche können vorher mit der Informationsstelle geklärt werden.

Zeitzeugen der Werkzeugindustrie an Morsbach, Gelpe und Kaltenbach finden sich eingebettet in wilder Natur.

schuhe und los auf Nostalgietour! Der Besuch des letzten wasserbetriebenen Schleifkottens in Wuppertal, der heute noch Cutter-Messer schleift, lohnt allemal. Allein der Weg entlang wilder Bäche und Reste ehemaliger Schmieden macht neugierig auf das Juwel regionaler Industriekultur.

Von dort geht es weiter in Richtung Kohlfurt. Hier heißt es mal kurz über die Wupper gehen, denn auf der anderen Seite liegt schon Solingen – perfektes Städte-Hopping! Zurück in Wuppertal kommen Tram-Fans in der Wagenhalle des kleinsten Straßenbahnbetriebs Deutschlands (www.bmb-wuppertal.de) voll auf ihre Kosten. Erst recht, wenn dann die Fahrt kurvenquietschend zurück zum NFH führt!

Per Bike geht's weiter zum Bahnhof Remscheid-Lüttringhausen durch das ungezähmte Morsbachtal mit seinen schönen Hofschaften. Informative Schilder an Wegen und Häusern erzählen hier von Bewohnern, Schmieden, Mühlen und Hämmern. Und immer wieder dazwischen raue, herrliche Natur. Lüttringhausen selbst zeigt sich im schönsten Bergischen Dreiklang mit Freilichtbühne und vom Jugendstil geprägtem Rathaus. Noch ein Eis im historischen Zentrum und dann geht es mit neuen Erkenntnissen über altes Handwerk in seiner natürlichen Wiege zum Bahnhof.

FAZIT: MIT RAD UND ZU FUß INS HERZ DES BERGISCHEN STÄDTEDREIECKS MIT VIEL BESTAUNENS- UND SCHÜTZENSWERTEM AN NATUR UND KULTUR.

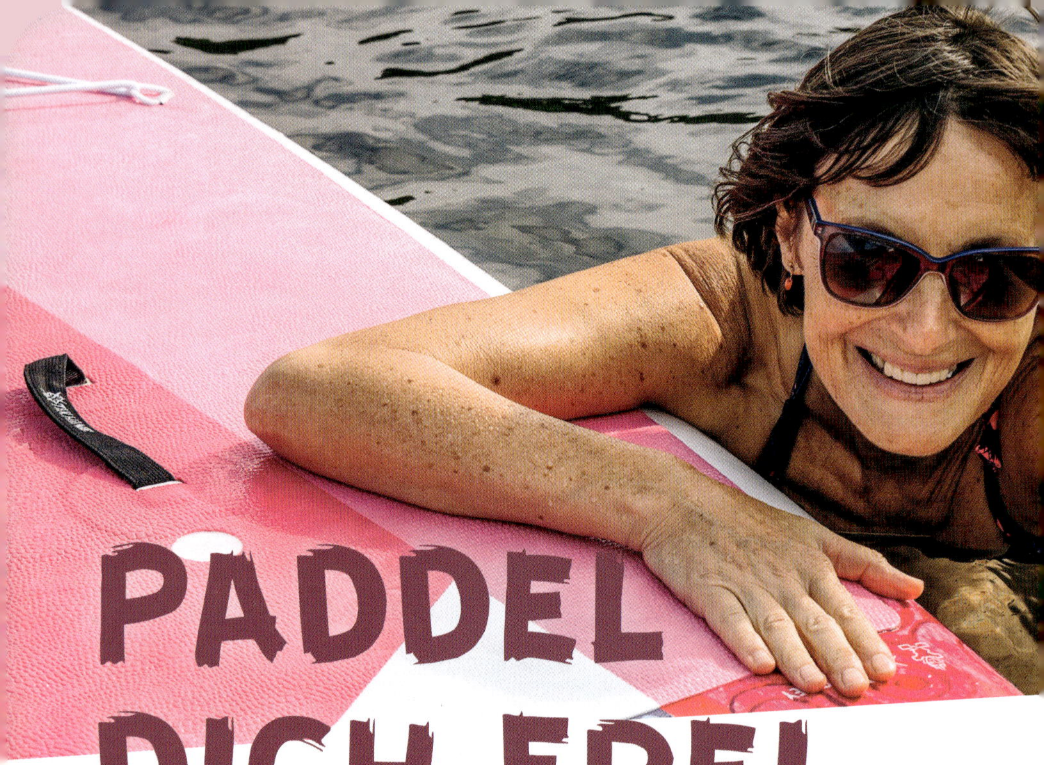

PADDEL DICH FREI

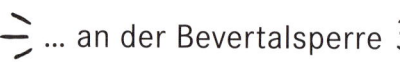

... an der Bevertalsperre

#47

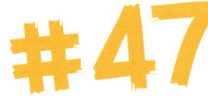

Selbst blutige Anfänger verbuchen bei dieser Trendsportart schnell erste Erfolge, und in Windeseile hat auch sie der SUP-Virus erwischt. Stand-up-Paddeln – ein Selbstversuch auf der ganz schön großen Bevertalsperre.

#intotheblue #Perspektivwechsel #ganzweitraus #vomGlückaufdemWasser

Ich bin dann mal SUPen ... Mit dem
Stand-up-Paddel-Board unterwegs
auf der Bevertalsperre.

»Surfin' USA« – was für die Beach Boys das
Surfen war, ist den Wassersportfans an der
Bevertalsperre das Stand-up-Paddeln, kurz:
SUPen. Weder Wind noch Wellen braucht es
hierfür, einfach Board und Paddel schultern,
bei kaltem Wetter noch den Neoprenanzug
und los! Wer keine Ausrüstung besitzt, ist bei
Frank am Campingplatz in Oberberg gut aufgehoben. Sein Kaiao SUP (www.kaiao-sup.de)
hat die notwendigen Utensilien und Kurse mit
hohem Chillfaktor. Klar kann man auch alleine
loslegen, schließlich muss »nur« die Balance

gehalten, das Paddel kraftvoll durchgezogen
und gelenkt werden. Einstiege gibt es einige,
allerdings sind die Ufer der 200 Hektar großen Nutztalsperre weitgehend bewaldet.

Bei Frank ist der Einstieg am Ufer bzw. Steg
easy. Ende August fühlt sich das Wasser
schon ziemlich nach Herbst an. »Das Brett
parallel zum Ufer ausrichten und immer im
Knien anfangen, erst nach ein paar Metern
aufstehen!« Das klappt schon mal ganz gut.
»Jetzt hüftbreit hinstellen, Beckenboden nach

Um den Coolness-Faktor noch etwas höher zu schrauben, hat Frank direkt die passenden Sonnenbrillen im Angebot …

Und dann folgt der Effekt, von dem Frank erzählt hat, der auch ihn geflasht hat: »Die Leute kommen einfach runter, finden Ruhe. Sie lassen den Alltag hinter sich.« Die Art der Bewegung, die Art, in der Natur zu sein, verändert die Menschen. »Gerade hier an der Bever. Wir haben eine tolle Wasserqualität und eine tolle Natur.« Wie abgesprochen kräuselt sich das Wasser leicht, setzt die Sonne Blitzer aufs blaue Nass, rascheln die Bäume auf dem gegenüberliegenden Ufer mit dem Laub. Beim SUPen bleibt viel Zeit zum Schauen und Nachdenken, zur inneren Einkehr.

Paddel einstechen, durchziehen, rausziehen, Paddel einstechen, durchziehen … So könnte es ewig weitergehen. Der Staudamm am anderen Ende scheint fast erreicht. Doch Vorsicht, beim ersten Mal nicht gleich übertreiben: Stand-up-Paddeln ist ein Ganzkörper-Workout, jeder Muskel im Körper wird beansprucht, insbesondere die tiefe Muskulatur.

vorne, leicht in die Knie gehen.« Franks Kommandos kommen klar und verständlich rüber und bald beherrscht man das Board. Jedenfalls meistens …

Hin & weg: Bus 336, Haltestelle Klingelnberg oder Tannenbaum, dann 2 km zu Fuß; Parkplatz am Campingpark Bever-Talsperre (bezahlt).

Beste Zeit: Solange die Talsperre nicht zugefroren ist, geht alles … SUPs leihen Frühjahr–Herbst.

Dauer & Strecke: SUPen, so lange man möchte bzw. kann, Boards werden stundenweise verliehen.

Ausrüstung: Brett, Paddel, Neopren, Badesachen, Gummiente, ggf. Wanderschuhe, Picknick, Zelt.

Wenn es Nacht wird: Egal, ob Zelt, rustikale Blockhütte (www.campingparkbevertalsperre.de) oder das direkt am Wasser gelegene super nette Ferienhaus (www.fewo-hueckeswagen.de) – alles hat seinen Reiz.

Da ist der Muskelkater am nächsten Tag vorprogrammiert.

Also zurück an Land. Dort wird es wuselig. Denn der Hunger lockt in die Zornige Ameise (www.zornige-ameise.com), die schon den Großeltern ein Begriff war. Vor allem die Lage des Imbisses mit dem Wahnsinnsblick auf die Talsperre lockt. Bei einer Portion Pommes werden Technik und Haltung der Vorbeipaddelnden fachmännisch kommentiert. Wer mag, kann auch auf der benachbarten Wiese picknicken und kommt so in den Genuss eines Wahnsinns-Sonnenuntergangs.

Am nächsten Tag geht es frisch wieder aufs Board – und siehe da, wie von Frank versprochen, klappt das Stehen und Paddeln heute schon viel besser. Und weil's so schön ist,

lockt auch ein Bad im Wasser. Der herrliche Tag verfliegt viel zu schnell. Und morgen wartet vermutlich der Muskelkater …

Wem ein Tag auf dem Brett nicht reicht: Es gibt 1a-Übernachtungsmöglichkeiten. Besonderer Einkehr-Tipp von Frank: Für bergische Spezialitäten wie dem Krüstchen – Spiegelei auf Schnitzel auf Brot – empfiehlt sich das Kolpinghaus in Hückeswagen (www.kolping-hueckeswagen.de).

FAZIT: HIER WIRD GESUPT, GEWANDERT ODER GESCHWOMMEN. ERSTERES BIETET EIN STÜCK LEIDENSCHAFT VOR DER HAUSTÜR. VOM SPORTLICHEN EFFEKT GANZ ZU SCHWEIGEN!

(S)EIN BLAUES WUNDER ERLEBEN

 ... im Windecker Ländchen

#48

Die Sieg, ein Nebenfluss des Rheins, steht an diesem Wochenende eindeutig im Mittelpunkt allen Tuns. Der Radler hat sie immer fest im Blick, fährt an ihrem Ufer entlang, blickt auf sie herab, schwimmt in ihr und erwacht morgens mit der Aussicht aufs Wasser. So weit also alles im Fluss!

#Wasserfall-Wonnen #einHauchvonAbenteuer #Burgfräulein #allesimFluss

So wird der Aufenthalt an der Sieg zu einem rundum gelungenen Erlebnis – draußen und drinnen!

Das Plätschern des Wassers untermalt das Wochenende akustisch. Ergänzt um das Zwitschern der Vögel und die begeisterten »Ahs!« und »Ohs« der Kanuten und Schwimmer. Praktischerweise zaubert die Sieg eine Badestelle nach der anderen hervor. Gerät der Radler bei warmem Spätsommerwetter ins Schwitzen, dauert es nie lange bis zum nächsten »Strand«. Eintauchen, Abkühlen – weiter! Vom Bahnhof in Eitorf startet man über die Brücke zum Radweg Sieg, der sich bis Dreisel vorbildlich präsentiert: kaum Steigungen, tolle Ausblicke, viele Einkehrmöglichkeiten. Flussschleife um Flussschleife geht's voran, sattgrüne Wiesenlandschaften auf der einen Seite, dichter Mischwald an den steilen Hängen auf der anderen. Die Auenlandschaft begeistert. Gemütlich schlängelt sich der Fluss durchs offene Tal, freundlich, fast postkartenidyllisch. Abschalten passiert ganz von selbst. Eigentlich gehört das Siegtal nicht mehr zum Bergischen Land, wohl aber zum Naturpark Bergisches Land. Verstehe das, wer will. Wir nehmen es hin und erfreuen uns daran. Denn das Siegtal lohnt den Besuch unbedingt!

Hinter Dreisel sind es 70 Höhenmeter zum Maueler Berg. Darauf folgt eine rasante Abfahrt zum Siegfall. Auf einer Breite von 84 Metern stürzt der größte Wasserfall NRWs in mehreren Stufen über 4,5 Meter in die Tiefe. Donnernd und mit Wucht. Seine Anzie-

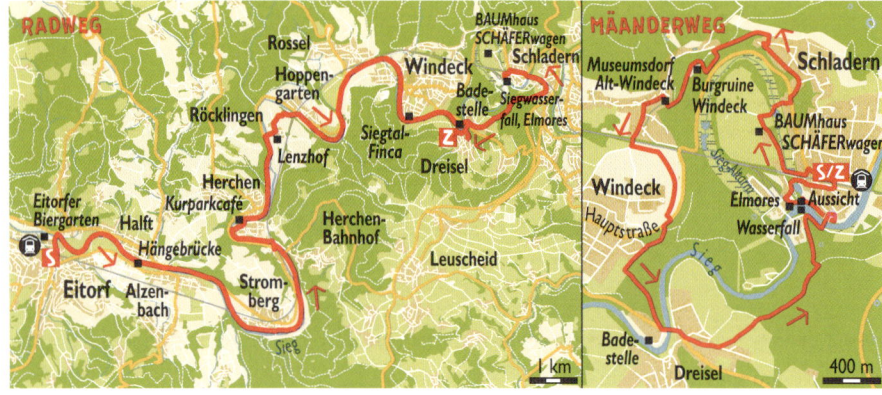

hungskraft ist groß – und wieder lockt eine Badestelle. Ebenso wie das Elmores (www. elmores.de): Das einstige Kupferwerk hat sich zum Kulturzentrum gemausert und besitzt einen idyllisch gelegenen Biergarten. Wo einst Kupferrohre gezogen wurden, schwätzt man

heute bei Bier, mediterranen »Zauberspeisen« oder Pizza. Doch schon bald ruft das Nachtquartier direkt am Fluss.

Der nächste Tag beginnt mit einer Runde Schwimmen. Auch danach bleibt es sportlich:

Ausblicke (links) und Einblicke (rechts): Das Siegtal weiß zu beeindrucken!

Mit dem Rad geht's über die Sieg zum Schladerner Bahnhof. Wo man Rot sieht. Knallrot. Die Farbe steht dem Bahnhof gut, der im Baustil der ehemaligen Windecker Burg gleicht. Dahin führt die Wandertour jetzt, über den Mäanderweg in Richtung Krummauel. Der Sieg-Altarm bezirzt mit Erlenbruchwäldern und Schilflandschaften. Gemächlich schraubt sich der Weg den Schlossberg hinauf, hat einige steile Anstiege und überwindet auf zwei Kilometern 75 Höhenmeter. Doch von der imposanten Burgruine bietet sich ein grandioser Blick über die Siegschleife. In dieser Kulisse einmal Prinzessin oder Prinz sein! Oben bleibt genug Zeit fürs Träumen oder für ein Picknick. Auf demselben Weg geht's wieder bergab – weil's so schön war.

Tipp: Landratten ahoi! Kanufahren auf der Sieg ist ein (kalkulierbares) Abenteuer. Infos unter: www.outdoorstation.de. Und wer es an Tag 2 ganz gemütlich mag: An der Burg Windeck wartet ein individuell zusammengestellter Picknickkorb auf Hungrige (www.windecker-laendchen.com/gastgeber/gastronomie/picknickbox/).

FAZIT: EIN VIELSEITIGES WOCHENENDE AN DER SIEG, DAS ES IN SICH HAT. DIE RADTOUR IST IDYLLISCH, DIE WANDERUNG ABENTEUERLICH, DAS BAD (ER)FRISCH(END), DIE ÜBRNACHTUNG PERFEKT.

Hin & weg: S19 bis Bahnhof Eitorf, zurück ab Bahnhof Schladern RE9 oder S19.

Beste Zeit: Frühjahr–Herbst. Für Baderatten ist der Sommer am schönsten.

Dauer & Strecke: 2 Tage; mittelschwere Radtour, 3. Etappe Radweg Sieg, 2 Std. ohne Bade- und sonstige Pausen für ca. 27 km, etwa 140 Höhenmeter; Mäanderweg (mittelschwer) zur Burg 4 Std. für gut 8 km, ca. 240 Höhenmeter, Trittsicherheit erforderlich.

Ausrüstung: Feste Schuhe; Handy mitnehmen, auf der Burg gibt es eine Audioführung; weite Hose oder Rock wegen der vielen Einkehrmöglichkeiten ...; Badesachen nicht vergessen!

Wenn es Nacht wird: Martina Semmler und Frank Schrötter sind Wahl-Dreiseler und glücklich an der Sieg. Daran wollen sie Gäste teilhaben lassen. Mit viel Liebe zum Detail sind ihre Ferienhäuser und -wohnungen und der historische Zirkuswagen in Dreisel bzw. Dattenfeld eingerichtet (www.siegtal-finca.de). Außerdem toll: Baumhaus und Schäferwagen im Naturschutzgebiet Krummauel direkt in der Altarmschleife (www.baumhaus-schaeferwagen.de).

DEN ÜBERBLICK HABEN

 ... rund um Schloss Burg

Es geht über die Wupper – und das gleich mehrmals! Aber keine Angst, im wildromantischen Wupper-Tal passiert niemandem etwas. Dafür warten drei Highlights: die UNESCO-Welterbekandidatin Müngstener Brücke, Schloss Burg, Zierde jedes Märchens, und die Sengbachtalsperre – die bezaubernde Unbekannte.

#Dröppelminna #dontpaytheferryman #WupperWahn #Waffelnforever

Ein Kunstwerk ganz anderer Art ist der Hai der Eventschmiede.

→ MINIURLAUB

Spektakuläre 107 Meter ist die Müngstener Brücke hoch – und bis dato die höchste Eisenbahnbrücke Deutschlands. Auf einer Länge von 465 Metern spannt sie sich elegant über die weitläufige Auenlandschaft zwischen Solingen und Remscheid. Das 125 Jahre alte Wunderwerk der Technik ist auf dem Weg zum Weltstar, denn das Land NRW hat die Wupper-Brücke als UNESCO-Welterbestätte vorgeschlagen. Also: Daumen drücken!

Der unterhalb gelegene Brückenpark (www.brueckenpark-muengsten.de) entstand im Rahmen der Regionale 2006. Er sollte mehr Besucher in die Region locken. Mit Erfolg! Gastronomie und Park sind an diesem warmen Herbsttag gut besucht: Wlesen und Holzliegen am Wasser, der urige Minigolfplatz, der Skulpturengarten vom Schmied, die Schwebefähre. In drei Metern Höhe gondelt der Fährmann seine Gäste für einen Mini-Obolus »über die Wupper«. Dieser Ausdruck meint dasselbe wie »über den Jordan gehen«, bezog sich makabrerweise allerdings auf den Todestrakt des Wuppertaler Gefängnisses. An der Fähre hat der Wanderer die Qual der

Ob die Ritter seinerzeit wohl aus der Rüstung platzten, wenn sie der Bergischen Kaffeetafel zu sehr zusprachen?

abgebrannten Kotten (ehem. Schleiferwerk-statt) treffen beide Wege wieder aufeinander und es geht am Wupper-Ufer weiter.

Kurz vor Schloss Burg (www.schlossburg.de) ruckelt die Seilbahn 91 Meter in die Höhe und spuckt ihre Gäste neben einer Ritterrüstung wieder aus. Die massiven Mauern, die Torbö-gen und schmalen Gassen, Kern- und Vorburg des Ende des 19. Jahrhunderts wieder aufge-bauten Schlosses geben eine Idee davon, wie es zur Blütezeit der Grafen von Berg ausge-sehen haben mag. Ob die Ritter wohl immer Rüstung trugen? Beim Genuss der leckeren Bergischen Kaffeetafel wohl kaum …

Noch mehr Ausblicke gefällig? Die Tour um die Sengbachtalsperre am Folgetag hat einige zu bieten. Das Kleinod in einem abgeschiedenen Seitental der Wupper ist einfach reizend – Ro-mantikfaktor garantiert. Die Ruhe im Tal macht froh, ebenso die Aussicht auf Schloss Burg und die Staumauer. Das »B« übrigens, das die Rou-te im Norden der kleinen Trinkwassertalsper-re markiert, weist auf den Brezel-Wanderweg hin. Dieser verdankt seinen Namen der süßen Burger Brezel, die in den Kaffee gestippt wird.

Wahl: Über die Wupper schweben und dann dem leichteren Weg nach Schloss Burg folgen oder die steilere Variante auf dem Solinger Ufer gehen? Wie man sich auch entscheidet, wildromantisch ist die Route allemal, begleitet von bewaldeten Hängen und Mischwald, ent-lang von Felsen, Moos und Farnen. An einem

---

Hin & weg: Parken in Burg (ggf. kostenpflichtig); ab Schloss Burg Sa, So WanderExpress WE 687 zum Brückenpark (bis Oktober); Wanderparkplatz in Höhrath, Talsperrenstraße.

Dauer & Strecke: Brückenpark bis Schloss Burg 2,5–3 Std., 8–10 km, 150–180 Höhenmeter; wer mag, geht in Burg direkt los und läuft eine Runde. Tour um die Talsperre ab Höhrather Parkplatz ca. 4 Std., 11,4 km, 240 Höhenmeter, (auch ab Burg direkt über den X19 möglich, plus ca. 3 km). Je nach Zahl der Pausen, Einkehr und Zwischenstopps beliebig verlängerbar.

Beste Zeit: Frühjahr–Herbst, nicht nach regneri-schem Wetter.

Ausrüstung: Wanderschuhe (Trittsicherheit erfor-derlich!).

Wenn es Nacht wird: Direkt am Schloss über-nachten in der gemütlichen Ferienwohnung (www.ferienwohnung-schlossburg.de) mit Schlaf-zimmer-Blick auf die Burg, im Fachwerkhaus von 1665 (www.zurburgstiege.de) oder um die Ecke auf dem netten Waldcamping Glüder (www.camping-solingen.de).

Haus Müngsten ist ein Hingucker – nicht nur wegen der wetterfesten rotbraunen Stahlfassade, sondern auch wegen der Spiegelung der Müngstener Brücke in den hohen, schmalen Fenstern.

Womit wir wieder bei der Bergischen Kaffeetafel wären, die am Ende der Wanderung in der Kartoffel-Kiste in Höhrath (Achtung: Zeitreise!) auf dem Tisch stehen könnte. Oder auch der Pillekuchen. Was das ist? Einfach probieren (www.kartoffelkiste.de)!

Tipp: Seit 2021 hat der Brückenpark eine neue Attraktion: den Brückensteig. Bei einer geführten Tour sind spektakuläre Aussichten inklusive (www.brueckensteig.de).

FAZIT: SCHÖNE BLICKE AUF BRÜCKE, WUPPER, SCHLOSS BURG, DIEDERICHSTEMPEL, TALSPERRE. WER NOCH ZEIT HAT, NIMMT DEN MÜNGSTENER (S-BAHN) ÜBER DIE BRÜCKE RICHTUNG REMSCHEID.

MEIN FREUND DER BAUM

 ... bei Waldbröl

#50

Dieses Wochenende steht ganz im Zeichen des Baums. Doch aufgepasst: Manchmal sieht man ja den Wald vor lauter Bäumen nicht. Nicht übersehen lässt sich der 40 Meter hohe Aussichtsturm des Baumwipfelpfades, der wiederum Blicke auf viele Bäume und bis Köln freigibt. Krönung des Tages ist ein Baumhaus!

#nachaltigfürNaturliebhaber #Sternenhimmel #abindiePilze #BlaueStunde

Wen wundert es, dass sich hier Feen und Elfen wohlfühlen? Das satte Moosbett empfiehlt sich als weiche Lagerstätte ...

→ MINIURLAUB ...

Heimat für ein Wochenende ist die Jugendherberge Panarbora. Pana ... was? Kurz zur Erklärung: Pan ist der griechische Gott des Waldes, arbor, lateinisch, steht für Baum. Macht Sinn, denn zur Jugendherberge gehört ein elf Fußballfelder großer Naturerlebnispark mit vielen Bäumen. Und einem gut 1600 Meter langen Baumwipfelpfad, der durch die Kronen des einstigen Niederwaldes führt. Was das ist? Eine der sechs interaktiven Stationen verrät es. Umweltbildung und Nachhaltigkeit spielen in Panarbora eine wichtige Rolle. So ist auch der Pfad in einer Höhe von bis zu 23 Metern mit nur geringen Eingriffen in die Natur entstanden. Satte 17 Meter mehr misst der benachbarte Aussichtsturm, das hiesige

Wahrzeichen. Er ist barrierefrei (wie die ganze Anlage) und hat das Potenzial zur Ikone. Ein breiter Holzweg umschlängelt das Stahlgerüst

Hin & weg: Bus 342 ab Bahnhof Schladern in Richtung Waldbröl bis zur Jugendherberge, ca. 25–30 Min.; gebührenpflichtiger Parkplatz an der Jugendherberge.

Dauer & Strecke: 2 Tage; 4 Std. für Baumwipfelpfad 1,6 km und Waldmythenweg 13 km, 380 Höhenmeter.

Beste Zeit: Ganzjährig. Die Pilzsaison hat ihren besonderen Reiz, und die Baumkronen verfärben sich so hübsch.

Ausrüstung: Warme Jacke und Schal fürs Lagerfeuer; im Herbst Pilzmesser und Korb.

Wenn es Nacht wird: Baumhäuser frühzeitig buchen, alternativ gibt's mongolische Yurten, afrikanische Lehmhütten und südamerikanische Stelzenhäuser (www.jugendherberge.de/jugend herbergen/waldbroel-panarbora-736).

bis ganz nach oben. Von dort bietet sich bei klarer Sicht ein traumhafter Blick bis zum Kölner Dom in 40 Kilometern Entfernung. Heute muss man sich indes mit Waldbröl, Nümbrecht und den umliegenden Baumkronen zufrieden geben. Auch schön. Runter und auf den Baumwipfelpfad. Endlich. Auch da braucht niemand Höhenangst zu haben, breite Stege führen durch den Wald. Immer wieder beschleicht einen das Gefühl, es schwanke ein wenig. Doch das hält niemanden davon ab, über den Rand zu schauen, zu rennen – macht Laune! – oder die Lerninseln mit Puzzeln, Klängen und Animationen zu bespielen. Langsam sinkt die Sonne in den Wald und das Licht wird ganz unwirklich. Blaue Stunde.

Schnell zurück auf den Boden, in unser Haus im Baum. Bis zu sieben Meter hoch liegen die

Eins zu sein mit der Natur fällt hier nicht schwer. Und wer fleißig Pilze sammelt, kann sich später genussvoll selbst verwöhnen.

sympathischen Stelzenhäuser, und aus der Luke seiner Koje schaut man in die Natur. Und später in den klaren Sternenhimmel. Selbst die Milchstraße ist zu sehen. Wie romantisch. Lautes Vogelgezwitscher am nächsten Morgen ist nicht der schlechteste Wecker. Sonnenlicht durchflutet das Häuschen. So geht Sonntag! Raus aus der Koje und los. Es warten Tunnelhöhlen, Sinnesrundweg, Kräutergarten, Hängematten und Heckenlabyrinth und danach wieder der Wald. Direkt an der Jugendherberge beginnt der Waldmythenweg. Die verschwiegene Route macht mit geheimnisvollen Wesen bekannt: Druiden, Kobolden, Feen, Elfen. Was hier allerdings Robin Hood zu suchen hat, bleibt ungeklärt. Links und rechts des Weges warten ganz andere Waldbewohner: Maronenröhrlinge, Pfifferlinge, Hallimasche … So viele, dass sie einem fast die Hosenbeine heraufkriechen. Ab in die Pilze!

Tipp: Wer mit dem Auto angereist ist, sollte das Kräutercafé in Waldbröl besuchen, wo Kräuterfee Astrid Saubert beispielsweise Pesto aus Fichtenspitzen und einen immer gut gefüllten Picknickrucksack anbietet (www. kraeutercafe.com).

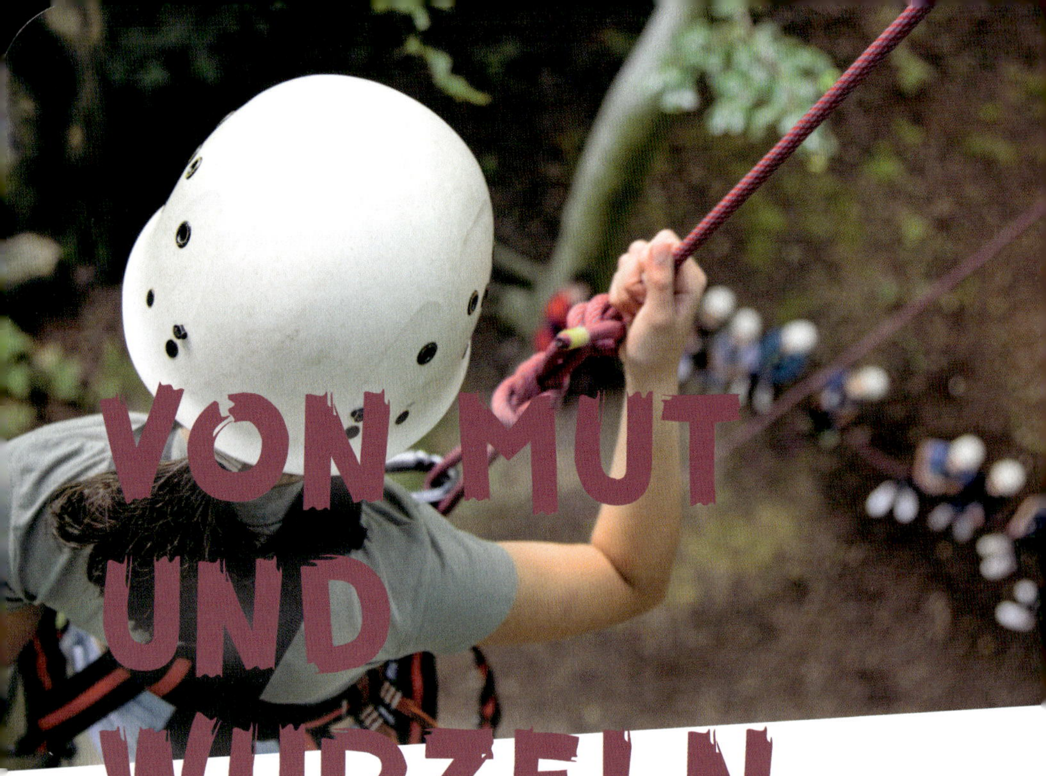

VON MUT UND WURZELN

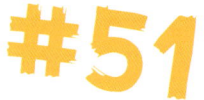

… bei Odenthal

#51

Wer weiß noch, wann er zum letzten Mal auf einen Baum geklettert ist? Vielleicht braucht es dazu nur einen kleinen Anstoß oder auch eine kleine Portion Mut – und schon wird der Wald wieder zum Abenteuerspielplatz. Bei diesem Wochenende ist das Alter ganz egal, der Baum nimmt alle auf.

#Kindheitsrevival #Baumsteigen #CiaoAngst

Auf, auf ihr kleinen und großen Kletterer, das Abenteuer wartet.

Als Einstieg in das Klettern bietet sich etwas für Groß und Klein an. So tastet man sich erst mal wieder an das Thema ran. Und wo könnte dies besser gehen als in einem Kletterpark. Der K1 Hochseilgarten (www.hochseilgarten-k1.de) ist eine wunderschöne Anlage mit verschiedenen Schwierigkeitsstufen und netten und kompetenten Mitarbeitenden, die eine individuelle Einführung geben.

Nach einem Probeklettern ist man dann schon auf sich selbst gestellt. Doch die Pfade sind wirklich selbsterklärend, und schnell hat einen die Kletterlust gepackt. Da erscheint sogar die schwierigste Stufe, der rote Pfad, plötzlich gar nicht mehr zu hoch. Hier wartet der einmalige Tarzansprung auf Mutige. Selbst mit ein wenig Höhenangst ist die Route durch die Bäume gut zu meistern. Und am Ende kann man noch eine ganz entspannte Runde einlegen, denn bei einem Pfad rutscht man einfach an Stahlseilen durch den Wald. Wie gut, dass man in der Nähe übernachten kann (ab Sommer 2022 sogar in Baumhäusern im Park!), denn so ist es möglich, bis zum Sonnenuntergang zu klettern – ein einmaliges Erlebnis.

Am nächsten Tag wird noch eine Schippe Abenteuer obendrauf gepackt. Denn es steht Wildklettern im Käsbachtal auf dem Programm. Wie das geht? Man erinnere sich einfach an seine Kindheit, da wurde wahrscheinlich jeder Baum einfach mal ausprobiert. Aus Sicht der vernünftigen Erwachsenen müssen aber ein paar wenige Dinge beachtet werden. Zunächst einmal die Wahl des Baumes. Dieser sollte nicht in einem Naturschutzgebiet stehen oder beschädigt werden. Ansonsten ist das Bäumeklettern in ganz Deutschland legal.

Liebevoll: Die Gestaltung des Kletterparks, die Einweisung der Mitarbeitenden, der Umgang mit dem Wald … hier ist Herzblut und viel Freundlichkeit zu spüren.

Hat sich ein Baumfreund angeboten, betrachtet man diesen eingehend von nah und von fern. Aus der Nähe lassen sich nämlich eventuelle Vogel- oder Insektennester nicht gut erspähen. Trockene Äste weiter unten am Baum haben vermutlich einfach zu wenig Sonne abbekommen, trockene Äste in der Baumkrone deuten dagegen darauf hin, dass der Baum schon morsch sein könnte. Übrigens sollte auch immer ein Kletterpartner oder eine -partnerin unten warten, alleine Klettern ist nie eine gute Idee. Und nun mit Schwung rein in den Baum; eventuell kann auch gleich eine ganze Kletterausrüstung oder ein Seil vor allem für den Einstieg genutzt werden. Der Anfang ist meist das Schwerste, danach geht es oft viel leichter weiter hoch, besonders direkt am Stamm. Und nun heißt es, wirklich wieder Kind werden und den Baum ertasten und erfühlen.

Hin & weg: Bushaltestelle Schallemicher Straße.

Beste Zeit: Frühling–Herbst. Im Winter ist der Kletterpark geschlossen.

Dauer: 2 Tage Waldbaden.

Ausrüstung: Eine einfache Kletterausrüstung (Seil, Gurt, Bandschlingen, Karabiner) kann man hervorragend für die Bäume nutzen, sie ist aber kein Muss. Wer jedoch mit muss, ist ein Kletterpartner.

Wenn es Nacht wird: Das Hotel Eikamper Höhe (www.hotel-eikamper-hoehe.de), ein wunderschönes Fachwerkhaus, liegt direkt am Kletterpark. Ab Sommer 2022 gibt es die Möglichkeit, ganzjährig im Baumhaus direkt im Kletterpark zu übernachten.

FAZIT: NACH DIESEM WOCHENENDE GIBT ES SCHMERZEN … UND ZWAR AM GANZEN KÖRPER, DENN BEIM KLETTERN WERDEN ALLE MUSKELN ANGESPROCHEN.

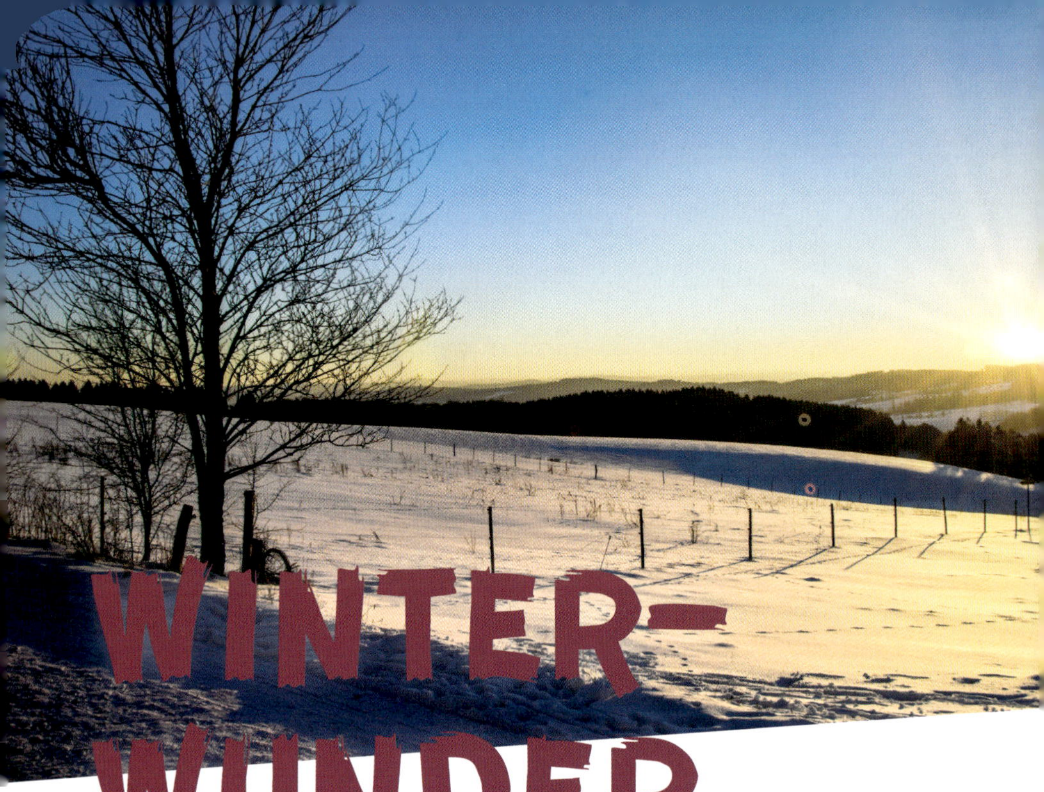

WINTER-WUNDER

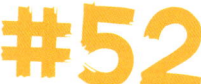

… in Reichshof und Bergneustadt

#52

Langlauf, Skifahren, Rodeln, Schneemannbauen und zum Abschluss ein Glühwein in der Après-Skihütte – das klingt nach Urlaub in den Alpen? Ja, oder auch nach einem Winterwochenende im Oberbergischen Land! Denn liegt hier Schnee, ist das Winterglück zum Greifen nah.

#Eiszeit #pleaseletitsnow #Schneekönigin&-könig

Schneebedeckte Hügel sind, wie ja fast alles, in der Sonne definitiv am schönsten.

Die Alpenhörner erklingen, der Schnee knirscht unter den Stiefeln, in den Beinen ist noch der Muskelkater vom Skifahren zu spüren, und fast könnte man meinen, mitten in Tirol zu sein ... Okay, das ist maßlos übertrieben. In Reichshof und Bergneustadt ist das Umland hügelig und nicht mit den Alpen zu vergleichen. Aber tatsächlich gilt das Oberbergische Land als *die* Adresse für alle Winterträume in der Nähe.

Der Ort Blockhaus, wo schon der Name nach gemütlichen Kaminabenden in einer alpinen Holzhütte klingt, hält, was er verspricht. Denn es gibt hier tatsächlich ein Blockhaus! Die Panoramahütte am Blockhaus (www.panorama-huette-am-blockhaus.de) ist sozusagen der Winter-place-to-be der Region. Dort locken zu jeder Tages- und Jahreszeit wunderschöne Ausblicke. Im Innern sitzt man gemütlich am Kamin, draußen sorgt eine umgebaute Ski-Gondel für romantische Momente zu zweit. Die Ski- und Rodelpiste Eckenhagen direkt in der Nähe der Panoramahütte bietet einen (kostenpflichtigen) Schlitten- und Skilift, der den ganzen Tag benutzt werden kann. Selbst

eine Skischule und ein Verleih von Schlitten, Langlaufski oder Skiern fehlen nicht. Da die Abfahrt leicht ist, eignet sich der Ort toll für Einsteiger im Skisport. Besonders herrlich ist es, nach einem sportlichen Tag am Hang

---

Hin & weg: RB25 nach Gummersbach oder Busse nach Reichshof. Ein Auto ist von großem Vorteil in der Region.

Beste Zeit: Winter, aber ganzjährig eine tolle Urlaubsregion!

Dauer: 2 Tage, wenn's geht, sogar 3 Tage.

Ausrüstung: Warme Kleidung, ggf. Wintersport-Equipment.

Wenn es Nacht wird: Diverse Ferienhäuser gibt es auf www.ferienland-reichshof.de. Direkt in Eckenhagen befindet sich die Ferienwohnung Valperz (www.ferienwohnung-valperz.de)

---

oben bei der Hütte den Sonnenuntergang zu genießen, sicherlich einer der schönsten der ganzen Region.

Am nächsten Tag stehen noch mehr Winterfreuden auf dem Programm. Echte Skiprofis oder auch Skifahrer, die sonst die Alpen gewöhnt sind, kamen bisher nicht so wirklich auf ihre Kosten. Doch das ändert sich beim Thema Skilanglauf. Dafür ist die Region mit den vielen Hügeln und Tälern ideal. Es sind acht Loipen – markierte Pisten oder Wege zum Langlauf – ausgewiesen, jeweils nach Schwierigkeitsstufen geordnet, denn Langlauf ist ein Sport, der je nach Strecke ganz schön Kondition erfordert.

Durch das gesamte Gebiet zieht sich die Fernloipe. Allerdings sollte die Langlaufstrecke

Chillen an der Blockhütte. Es warten wahre Winterfreuden!

von Anfängern erst mal nicht gelaufen werden. Ein »Geheimtipp« (das gesamte Gebiet ist als Wintersportziel wirklich beliebt und liegt Schnee, sind die Hänge meist sehr voll) wäre es, die Loipenrundkurse bei Belmicke in Bergneustadt zu starten. Der Ort ist nicht ganz so bekannt wie Blockhaus und Co. Hier beginnen die Loipenrundkurse Eie, Hecke und Attemer, es gibt einen Einstieg zur Fernloipe und auch die Loipe Attemer-Sportplatz-Hecke geht dort los.

FAZIT: DIE BERGISCHE SCHWEIZ VERSPRICHT WINTERURLAUB FÜR EINEN KLEINEREN GELDBEUTEL UND OHNE WEITE FAHRT. JETZT MUSS NUR NOCH DER SCHNEE MITSPIELEN.

SONST NOCH WICHTIG

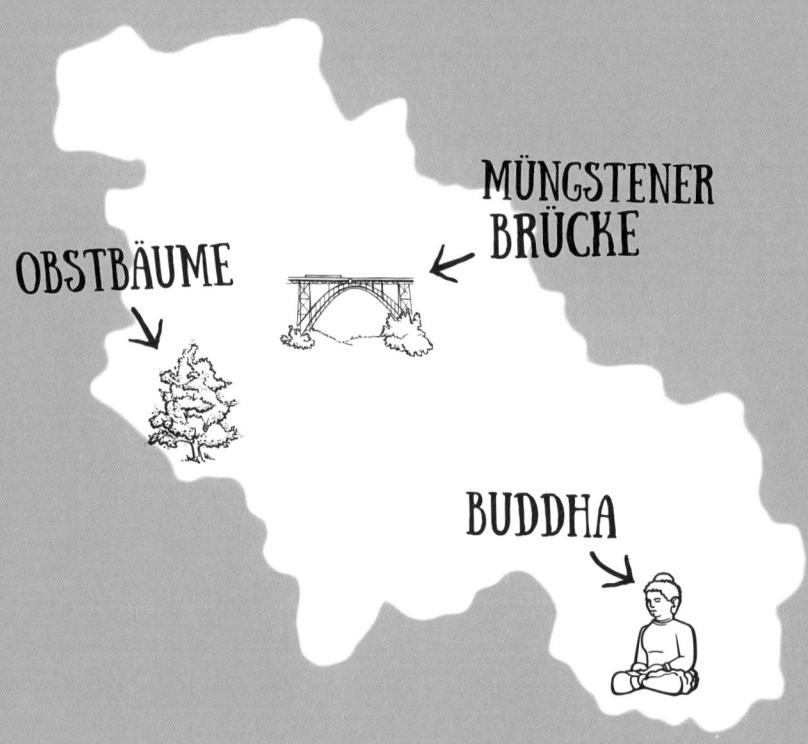

OBSTBÄUME

MÜNGSTENER BRÜCKE

BUDDHA

Ein- und Überblick

*Karten für den schnellen Überblick, prak-
tische Tipps, mehr über die Autorinnen
sowie ein Ortsregister zum schnellen Nach-
schlagen gibt es auf den folgenden Seiten.*

GPX-Download aufs Smartphone – so geht's

Voraussetzung:
Eine Outdoor-App muss installiert sein, z. B. KOMPASS, Outdooractive oder Komoot. Zum Einlesen des QR-Codes benötigen ältere Android-Geräte eine QR-Code-App. Bei neueren Android- und iOS-Geräten ist diese Funktion in der Kamera integriert.

Daten downloaden:
1. Den QR-Code einlesen oder die Webadresse im Browser eingeben, um auf die Eskapaden-Website zu gelangen.
2. Die gewünschte Tour zum Download anklicken.
3. Bei IOS-Geräten werden die GPX-Daten direkt mit der vorab installierten App verknüpft. Bei Android-Geräten muss ggf. noch ein Weiterleiten-Button geklickt werden (z. B. oben rechts im Display). Manche Apps zeigen den Tourverlauf starr an, andere haben eine Navigationsfunktion dabei.

Tourenverlauf
GPX-Daten zum
kostenlosen Download
www.dumontreise.de/
eskapaden/bergisches-land

short.travel/ickx2

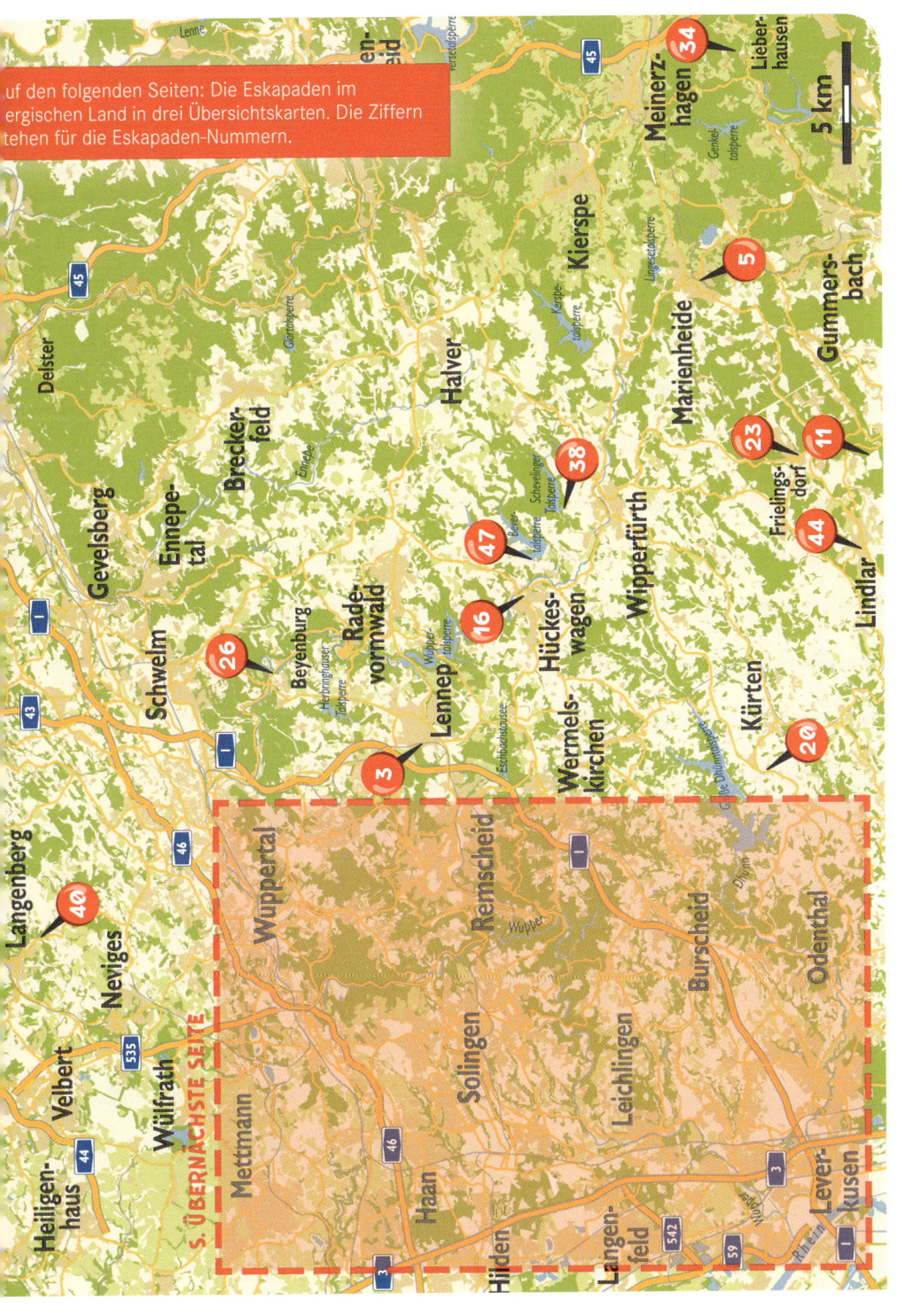

Auf den folgenden Seiten: Die Eskapaden im Bergischen Land in drei Übersichtskarten. Die Ziffern stehen für die Eskapaden-Nummern.

S. ÜBERNÄCHSTE SEITE

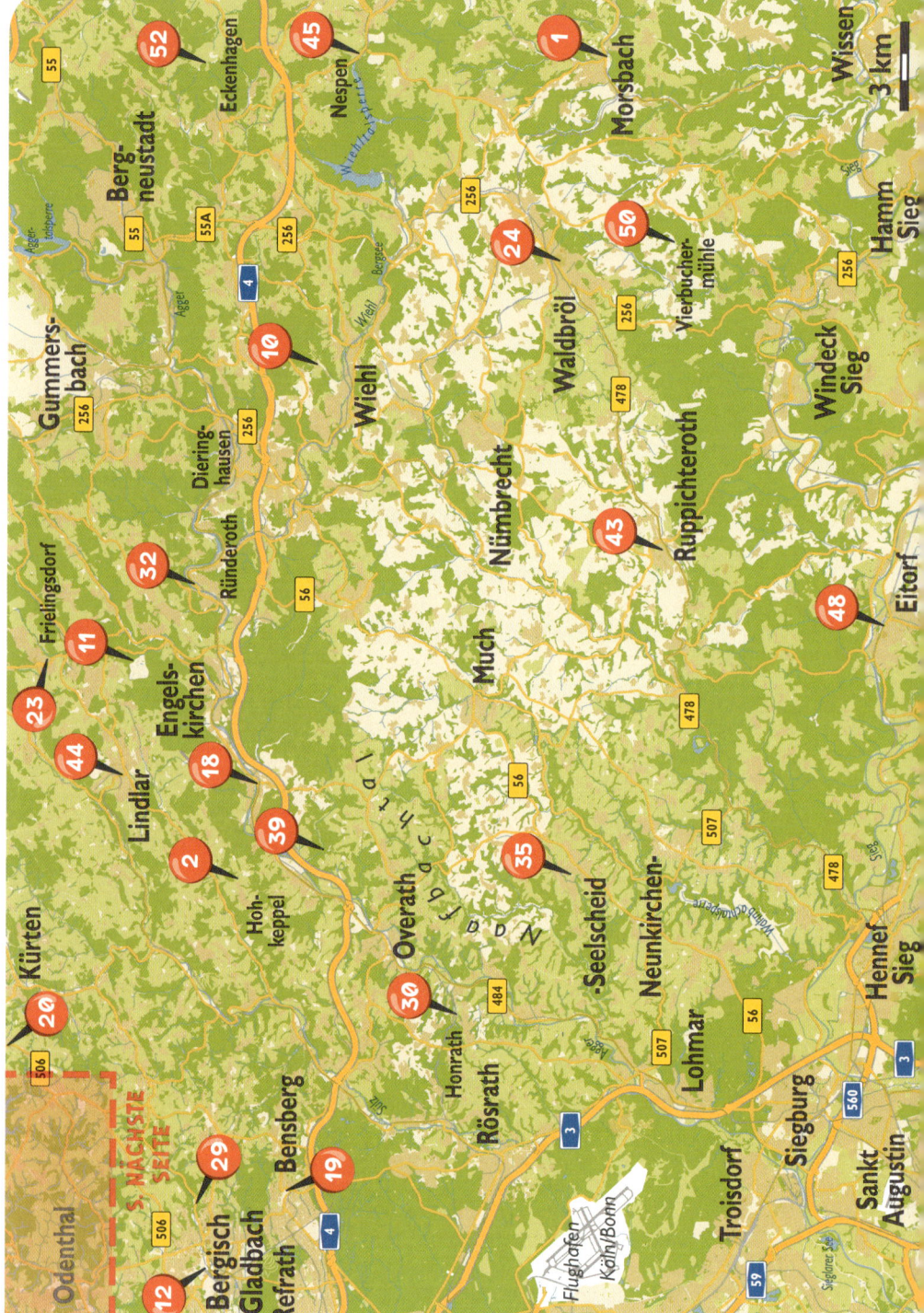

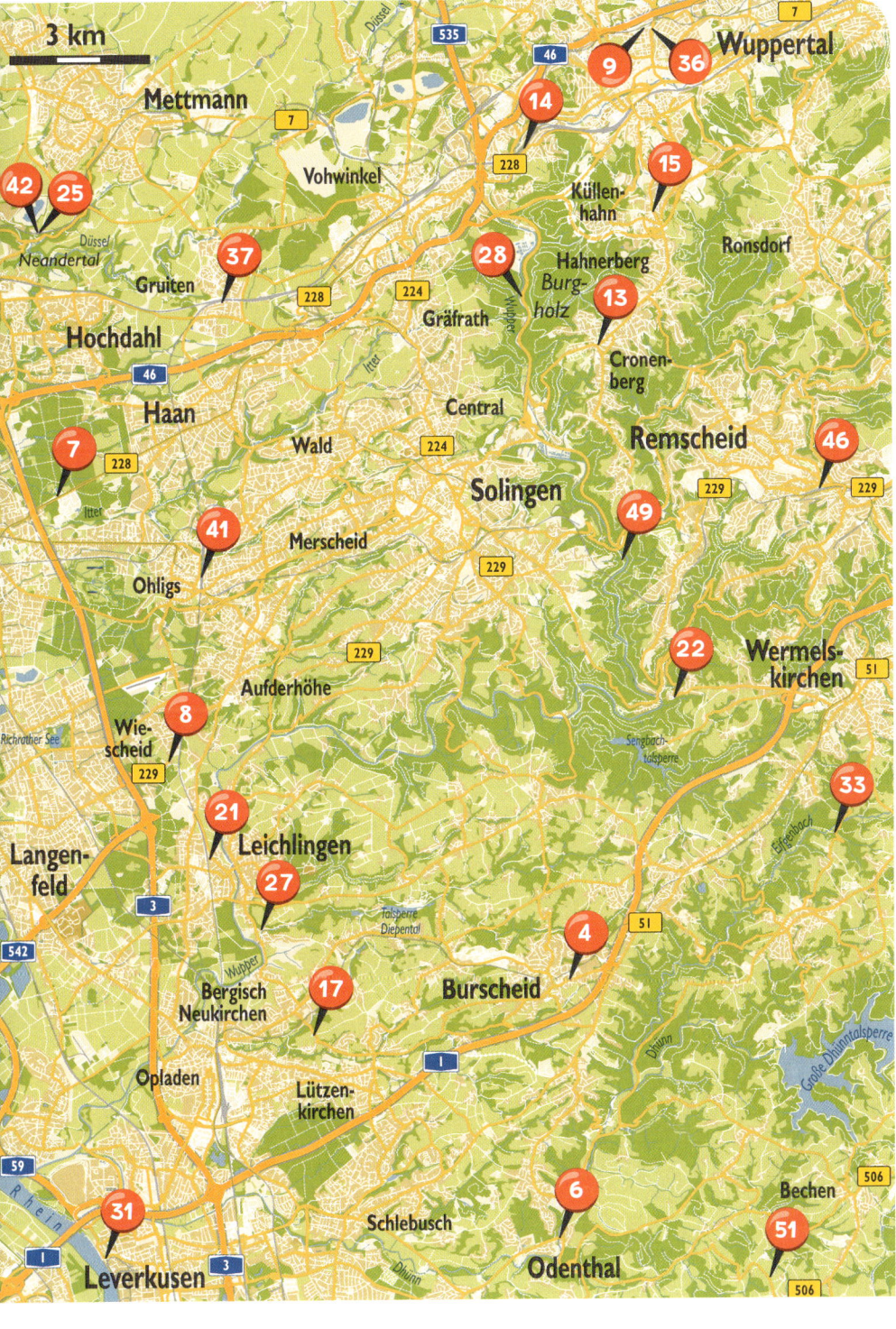

NOCH MEHR ESKAPADEN ...

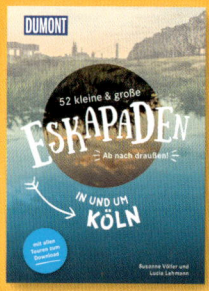
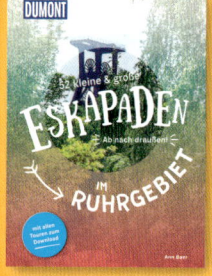

ISBN 978-3-7701-8073-8   ISBN 978-3-7701-8087-5   ISBN 978-3-616-11014-1

IMPRESSUM

Reihenkonzept Monique Sorban

Projektmanagement Susanne Heimburger, Svenja Heinle & Tamara Siedler

Cover-/Buchgestaltung & Illustrationen Carolin Weidemann, Köln, www.weidemann-design.com

Lektorat & Produktion Verlagsbüro Wais & Partner (Meike Diekmann, Beate König, Julia Rietsch, Kai Wieland), Stuttgart, www.wais-und-partner.de

Text & Fotos Lucia Oiro (#4, 8, 9, 12, 18, 20, 27, 31, 32, 34, 51, 52, S. 89 r.); Susanne Spottke (#1, 2, 3, 5, 7, 13, 14, 15, 17, 21, 22, 23, 24, 28, 30, 35, 37, 38, 39, 40, 41, 42, 43, 44, 45, 46, S. 224); Susanne Völler (#6, 10, 11, 16, 19, 25, 26, 29, 33, 36, 47, 48, 49, 50, S. 4, 6–7, 89 l.); mit Ausnahme folgender Fotos: Ina Albrecht, Köln (S. 205); Manfred Boelke (S. 117 o., 117 u., 119); Christoph Buchen (S. 11, 12 o.); Georg Buchen (S. 13); druckreif - Die! Agentur im Grünen/www.druckreif-medien.de (S. 218–221); Hochseilgarten K1 GmbH (S. 214, 216); Kai Lamparter (S. 132, 134, 135 l.); Reinhold Nickel (S. 5 o., 29 l., 36 l., 63, 65, 129); shutterstock/Elena Klippert (Titelseite); Rebecca Suhr, Köln (S. 212 l.); Susanne Troll, Köln (S. 5 u., 70, 72 r., 73 o., 73 u., 82–85); Paula Völler, Köln (S. 204 l.); www.siegtal-finca.de, Windeck-Schladern (S. 203); Lara Zander (S. 22 o., 24 r., 25, 41 l., 80, 81 r., 88 l., 88 r., 138 r., 144).

Kartografie © KOMPASS, Innsbruck, unter Verwendung von Kartendaten von © OpenStreetMap-Mitwirkende, Lizenz CC-BY-SA 2.0

Hinweis Alle Informationen wurden mit größtmöglicher Sorgfalt geprüft. Infolge der Corona-Pandemie kann es allerdings zu kurzfristigen Geschäftsschließungen und anderen Änderungen vor Ort gekommen sein.

Printed in Poland

1. Auflage 2022
© 2022 DuMont Reiseverlag, Ostfildern
ISBN 978-3-616-11029-5

www.dumontreise.de

love
Freiheit.

Weiterlesen

»Unnützes Wissen« über das Bergische Land haben Olaf Link und Hans-Georg Wenke in ihrem gleichnamigen Büchlein zusammengetragen. »Skurrile Fakten zum Angeben« bekommt man dort zuhauf geliefert, etwa woher die Sambatrasse ihren Namen hat, wieso Schloss Burg nie ein Schloss war oder warum der hohe Bierkonsum im 13. Jahrhundert fast eine Hungersnot ausgelöst hätte (Sutton-Verlag).

Geschmacks-sachen

Von Bergischen Waffeln über Pillekuchen bis zur Kottenwurst – es ist für jeden Geschmack etwas dabei. Zeit sollte man sich für die Bergische Kaffeetafel lassen, die regionale Spezialitäten begleitet von der Dröppelminna auftischt. Dazu zählen: Rosinenstuten, Milchreis, Rüben- oder Apfelkraut, Schwarzbrot, Quark, Butter, Waffeln, Zwieback, Käse, Schinken, Wurst.

GUT ZU WISSEN ...

Ohne Auto

Fast alle Eskapaden lassen sich mit Bus und Bahn erreichen, manche allerdings nur sehr umständlich (www.bahn.de). Auf einigen Strecken fahren saisonale Fahrrad- und Wanderbusse (www.dasbergische.de/aktiv-entspannen/wandern/bergischer-fahrradbus bzw. /bergischer-wanderbus). Wenn die Anreise nur mit dem Auto machbar ist, wird das explizit in den Eskapaden benannt.

Sicherheit & Notfälle

Das Bergische Land ist ausgesprochen zahm. Sollte dennoch etwas passieren, ist die Notrufnummer 112 immer richtig.

Vor Ort im Netz

Jede Menge Draußentipps, Tourenvorschläge, Infos und Kartenmaterial finden sich unter www.bergisches-wanderland.de. Unterwegs im Bergischen Städtedreieck lohnt der Blick auf www.bergisch-mal-drei.de. Zahlreiche Anregungen für den bergischen Süden finden sich hier: www.bergisch-hoch-vier.org/neu/wordpress. Hintergrundwissen gibt es auf: www.bergischer-geschichtsverein.de und www.bergische-geschichte.de.

ESKAPADEN-REGISTER ...

⋝ Alle Orte mit Seitenverweisen ⋜

SUSANNE SPOTTKE

LUCIA OIRO & SUSANNE VÖLLER

⇒ ... über die Autorinnen ⇐

Wenn Susanne Spottke nicht Yoga unterrichtet oder im Kulturbetrieb beschäftigt ist, ist sie am liebsten selbst auf der Matte oder arbeitet im Garten. Noch besser: draußen sein, Neues entdecken, Natur begegnen und erfahren. In Wuppertal-Cronenberg hat die Yogalehrerin und Autorin mit ihrem Mann eine neue Heimat gefunden, die ungeahnte Kultur- und Naturschätze bietet. Begeistert von Kotten, Museen und Trassen erkundet Susanne das so vielfältige Bergische Land. Und danach geht es zurück zur Meditation im Garten unter dem Mammutbaum. Mehr dazu auf www.yogasahasrara.de

Lucia Lehmann und Susanne Völler sind mittlerweile Eskapaden-Expertinnen. Die Autorinnen für diverse Reiseführer und Magazine haben eine große Portion Abenteuerlust immer im Gepäck. Ihre Heimatstadt Köln verlassen sie häufig, um ins Grüne oder Blaue einzutauchen. Dabei gehen sie auf ihren Recherchen gerne die versteckten Wege.

Der Kontakt mit den Menschen vor Ort und eine große Offenheit für fremde oder ungewöhnliche Welten zeichnet ihre journalistische Arbeit aus. Dabei hegen sie eine besondere Liebe zu Reisen, die sie nachhaltig gestalten können.

Von der Hand in den Mund

Eskapade #10: Am Wegesrand sprießt es üppig – Korb mitnehmen, Kräuter rein. »Wildes Essen« gibt es nicht nur in Wiehl-Oberholzen. Aber hier lässt es sich auf einer idyllischen Runde prima ernten. Zu Hause ab damit in Topf oder Schüssel – lecker!

Lieblingssee

Eskapade #38: Im Land der Stauseen ist sie die stille Königin: die Neyetalsperre. Von Wald umgeben, lädt die ruhige Naturschönheit zum Umwandern ein. Die Entdeckung des Kirchdorfs Kreuzberg macht die Runde perfekt.

5 BESONDERE EMPFEHLUNGEN ...

Immer steil bergauf

Eskapade #36: Wuppertal streitet mit Stuttgart um den Titel der treppenreichsten Stadt Deutschlands. Ende offen. Doch Sieger ist die Stadt an der Wupper unbestritten beim schönsten Treppennamen: Tippen-Tappen-Tönchen ... Schöner geht's nimmer. Also, auf die Treppe, fertig, los!

Entspannt den Berg bezwingen

Eskapade #39: Auf zum Gipfelkreuz des Homerts – mit viel Vorbereitung oder Training? Fehlanzeige! Alpine Kenntnisse können zu Hause gelassen werden, der Eintrag ins Gipfelbuch ist eher eine Schnitzeljagd denn eine Bergbesteigung entfernt ...

Wilde Schönheit

Eskapade #46: Im Herzen des Städtedreiecks in rauer Natur den Spuren der Werkzeugmacher folgen und auf Nostalgiereise gehen. Begleitet von rauschenden Bächen und Bergischem Dreiklang durch Täler und auf Höhen mit Wanderschuhen und Pedelec. Einfach herrlich!